KB055896

히든스카우트
이직 · 채용 트렌드

히든스카우트
이직 · 채용 트렌드

방현배 지음

좋은땅

들어가는 글

2005년 미국 스탠퍼드 대학교 졸업 축사에서 애플 창업자 스티브 잡스는 아래와 같이 말했습니다.

"우리 대부분은 우리 앞에 놓인 많은 점들을 연결하여 미래를 바라보지 못하고 있습니다. 우리 대부분은 우리 앞에 놓인 그 많은 점들을 연결하여 과거를 돌이켜보고 있을 뿐입니다. 하지만, 우리는 우리 앞에 놓인 많은 점들이 우리 미래에서 어떤 식으로든 연결된다는 것만은 믿어야 합니다(You can't connect the dots looking forward; you can only connect them looking backwards. So you have to trust that the dots will somehow connect in your future)."

2년에 걸쳐서 헤드헌팅 플랫폼 히든스카우트(Hidden Scout)를 개발하고 있습니다. 헤드헌팅 플랫폼을 개발하면서 헤드헌팅과 관련되어 있는 많은 점들(DOTS)은 무엇인가를 생각하고 되었고 자연스럽게 점들(DOTS)을 하나하나 구분하고 정리하게 되었습니다.

구분과 정리를 하는 과정에서 헤드헌팅은 이직과 채용이라는 단어로 압축되고 이직과 채용은 동전의 양면이라는 생각을 하게 되었습니다. 2개로 되어 있는 별개의 것들 같지만 연결되어 있는 하나라는 생각을 하게 되었습니다.

이직을 하는 직장인과 채용 업무를 하는 직장인은 개인적으로는 다르지만 직장인으로서 업무를 하는 상황은 같은 것입니다.

헤드헌팅과 관련되어 있는 여러 점(DOT) 중에서 '이직 소문을 싫어하고 걱정한다'는 이직 포인트와 '헤드헌팅을 이용한 채용이 증가한다'라는 채용 포인트에 집중하게 되었고 이를 통해서 히든스카우트 사업모델을 개발하게 되었습니다.

제가 생각하고 정리한 이직과 채용에 관련이 있는 점들(DOTS)을 여러분과 함께 공유하면서 가까운 미래 변화를 함께 예측해 보려는 마음으로 이 책을 적습니다.

이직 및 채용과 관련되는 점(DOT)들은 아래 3개로 구분할 수 있을 것 같습니다.

1) 직장과 관련되는 것

- 매출액, 손익
- 업종, 경쟁
- 기업문화
- 보수(연봉)
- 노조

2) 개인과 관련되는 것

- 나이, 성별
- 학력과 자격증
- 외국어 능력
- 건강
- 성향

3) 사회와 관련되는 것

- 인구 구조의 변화
- 산업 구조와 기술의 변화
- 법률의 변화
- 환경, 질병 등 외부적인 변화
- 가치관, 정치 구조 등 사고의 변화

위 점(DOT)들은 서로 연결되어 있고 상호 작용을 주고받으면서 개인의 이직과 기업의 채용에 영향을 주고 있기에 모든 점(DOT)들을 하나하나 개별적으로 살펴보는 것이 좋겠지만 저의 능력이 전체 범위를 감당하지 못하는 이유로 전체 점(DOT)들 중에서 아래 범위로 좁혀서 이직 및 채용 트렌드를 살펴보았다는 점을 밝힙니다.

- **'헤드헌팅 서비스'를 이용하는 기업으로 채용 트렌드 범위를 좁혔습니다.**

- 대기업, 외국계기업이 주로 헤드헌팅 서비스를 이용합니다.

- 벤처기업에서는 자금 상황에 여유가 있는 기업들이 주로 이용합니다.
- 헤드헌팅 비용은 채용광고 혹은 내부추천에 비교하면 상대적으로 높습니다.
- 어느 정도의 자금력이 있거나 조직 규모가 있는 기업들이 주요 대상입니다.

• **'헤드헌팅 스카우트 대상자'가 되는 직장인으로 이직 트렌드 범위를 좁혔습니다.**
- 다른 채용 방법에 비하여 상대적으로 전문적이거나 관리직무 대상자가 많습니다.
- 4년제 대학 학력 이상으로 인지도 있는 기업 경력이 있는 인재들이 주요 대상입니다.
- 노무직 혹은 생산직에 계시는 분들이 헤드헌팅으로 이직하는 경우는 적습니다.

또한 코로나19로 인하여 발생한 것이라고 생각되는 트렌드 요소는 제외하려고 노력하였다는 점과 트렌드 주제와 관련된 신문 기사를 참조하여 책의 내용을 구성하였다는 것을 미리 말씀 드립니다.

이직 및 채용에 관련되어 있는 분들은 아래와 같이 구분할 수 있는 것 같습니다.

- 이직을 생각하고 있는 모든 직장인
- 신입사원, 경력사원 혹은 임원 채용을 담당하고 있는 HR부서 임직원
- 직장인 교육 서비스를 제공하는 기업의 임직원
- 고용과 관련된 업무를 담당하고 있는 행정부 혹은 공공기관의 임직원
- 이직 컨설팅에 종사하고 있는 컨설턴트
- 개인에게 채용을 소개하고 포지션을 연결시켜 주는 헤드헌터
- 취업사이트를 운영하는 기업의 임직원
- 기타 이직과 채용에 관련 업무를 하고 계시는 분들

여러분들이 채용과 이직 변화의 흐름을 살펴보는 데 작은 도움이 되기를 바랍니다.

감사합니다.

차례

이직 트렌드

채용 트렌드

1 화상면접 증가

화상면접으로 대표되는 비접촉 채용, 언택트(Untact) 채용은 다양한 분야에 빠르게 적용되고 있습니다.

채용 박람회는 랜선 박람회로, 입사지원은 온라인 입사지원으로, 인성검사는 온라인 인성검사로, 면접은 화상면접으로 빠르게 변해가고 있습니다.

입사 이후의 인사 평가 및 직원 교육분야에서도 빠르고 광범위하게 온라인 기법이 채택되고 있습니다.

화상면접 증가의 원인으로는 '코로나19' 영향이 가장 큰 것으로 보입니다만, 영상 관련 기술의 발전과 유튜브와 같은 동영상 서비스가 보편화되고 일반인들의 참여가 증가하는 등 사회 변화도 적지 않은 영향을 준 것으로 생각됩니다.

이러한 트렌드는 인터넷, 5G, 인공지능(AI), 카메라, 음향, 증강현실 등의 기술 발전과 맞물려서 더욱 빠르게 채용의 변화를 촉진할 것으로 전망됩니다.

화상면접을 급속하게 확산하게 하는 화상회의 솔루션을 살펴봅니다.

시스코 웹엑스(Cisco Webex)는 1995년 시작하면서 가장 오래된 화상회의 서비스로 자리를 잡고 있는데요, 보안에 장점이 있는 반면에 가격이 상대적으로 비싸다는 평가를 받고 있습니다.

줌(ZOOM)은 최근에 다크호스로 급부상한 서비스인데요. 웹엑스를 개발한 중국 출신 엔지니어 에릭 유안이 만들었고요, 회원가입 없이 무료로 이용할 수 있는 편리성으로 인기를 끌고 있습니다.

마이크로소프트 팀즈(Teams)는 약 15년 전부터 서비스되고 있는데요. MS오피스 프로그램과 연동이 가능하여 쉽게 이용할 수 있는 특징이 있습니다.

최근에는 아마존웹서비스 차임(Chime), 구글 미트(Meet)도 서비스를 시작하였습니다.

국내 화상회의 솔루션은 비투맥스 라이브톡톡(Live TalkTalk), 알서포트 리모트미팅(Remote Meeting), 말톡노트 비디오콜(Video Call) 등이 있습니다.

화상면접에 필요한 기능 개발도 빠른 속도로 가능이 강화되고 있습니다. 예를 들면 면접과정에서 실시간으로 지원자를 평가하면서 면접관끼리 채팅할 수 있는 기능, 솔루션 내에서 비대면 채용의 설계 및 평가관리하는 기능, DLP(Data Loss Prevention)와 DRM(Digital Rights Management)을 이용한 보안기능을 적용해 화면 캡처나 녹화 등의 사고 위험을 낮추는 기능 등이 있습니다.

화상면접 채택으로 비용을 절감한 사례도 자주 볼 수 있습니다.

일반적으로 많은 숫자의 지원자들이 동일한 장소에 집중하는 대면 면접을 진행하는 기업 입장에서는 모집 장소와 안내 인원을 마련하는 등의 준비 과정을 생략할 수 있다는 장점이 생깁니다. 모집 장소를 섭외하는 것도, 안내 요원을 배치하는 일도 기업 채용업무 담당자들에게는 큰 부담이었던 것이 사실입니다. 특히 삼성, 현대, SK, LG와 같은 대기업의 신입사원 정기공채는 대학 수능시험 이상으로 이슈가 될 만한 큰 규모로 진행되었습니다.

한국남부발전 인사팀은 2020년 상반기 채용 2차 면접 대기실부터 신원 확인실, 면접실을 모두 온라인으로 운영하여 면접 비용이 약 1억 원 절감된 것으로 발표하였습니다. 한국남부발전 인사팀 관계자는 "면접장 대관비, 현장 관리인력 인건비 등을 포함해 보통 지원자 1명 면접에 평균 5만 원이 든다."며 "비대면 방식 도입 후에 구직자들의 긍정적인 평가를 얻은 것은 물론 사회적 비용도 줄일 수 있었다."고 합니다.

대기업, 중소기업, 공기업, 벤처기업을 구분할 것 없이 대부분의 기업에서 화상면접을 포함하는 언택트 채용 방식이 증가할 것으로 전망되고 있습니다.

대기업은 화상면접 채택하는 비중이 절반을 넘어섰고 중소기업은 상대적으로 화상면접 채택 비중이 낮습니다. 채용포털 잡코리아 설문조사결과에 따르면 2021년 상반기에 대졸 신입사원을 채용하는 대기업 10곳 중 6곳(60.0%)은 '비대면 채용전형을 진행한다'고 답했습니다. 중소기업 중에는 비대면 채용전형을 진행하는 기업이 31.6%에 그쳤고, 68.4%가 '대면' 채용전형을 진행한다고 답했습니다.

기업이 화상면접을 포함하는 언택트 채용 방식을 선호하는 이유는 아래 4가지 정도로 정리됩니다.

1) 기업 채용활동에 시간과 장소 제약이 줄어듭니다.

- 해외 등 먼 거리에 있는 인재들도 쉽게 참여할 수 있습니다.
- 이동이나 대기 시간을 줄일 수 있습니다.

2) 기업에서 관리가 편리해집니다.

- 채용과 관련한 정보를 DB화 할 수 있어서 보관과 재활용을 포함한 관리가 용이해집니다.

3) 기업은 비용절감을 할 수 있습니다.

- 대면 진행에 소요되는 공간 비용과 인건비 절감이 가능합니다.

4) 시대적 명분을 얻을 수 있습니다.

- 디지털 트랜스포메이션 시대에 맞춘 기업 이미지 홍보가 가능합니다.

화상면접의 증가는 코로나19로 인한 일시적인 현상이 아니라 채용 트렌드 변화로 보는 것이 맞을 것 같습니다.

경력사원 면접에서 더욱 빠르게 증가

지원자와 직접 이야기를 나누고 상호간에 정서적 교감을 하면서 진행되던 전통적인 대면(對面)면접 방식이 경력사원 면접에서도 화상면접으로 급격하게 변화하고 있습니다.

서울, 부산과 같은 대도시에서 근무하고 있는 경력사원은 지원하는 회사와의 대면면접에 참여하기 위하여 일반적으로 반차, 월차, 연차와 같은 휴가를 내야 하는 경우가 많습니다.

면접을 보는 사람의 입장에서는 집이나 회사에서 출발하여 면접 장소로 이동하여야 하고, 면접 장소에 도착하여서는 본인의 도착을 진행요원에게 알리고 자신의 면접 시간까지 대기해야 하는 불편을 줄일 수 있는 장점이 생깁니다.

화상면접에서는 회사 측에서 통보한 시간대에 준비하고 있다가 연락이 오면 프로그램에 접속만 하면 됩니다. 이동 시간 및 대기 시간에 대한 부담이 줄어들 뿐만 아니라, 본인이 심리적으로 편한 장소에서 면접을 볼 수 있어서 부담을 줄일 수 있는 장점도 있습니다.

화상면접을 통한 장점은 신입사원보다 경력사원에게 훨씬 크게 작용하는 것으로 보입니다. 신입사원은 상대적으로 면접 시간에 자유롭지만 경력사원은 근무 시간에 제약을 받는 불리함이 상대적으로 크게 작용합니다.

면접 자체에 소요되는 시간에 대한 부담도 크지만, 대면면접 장소로 이동에 소요되는 시간에 대한 부담이 훨씬 크기 때문입니다. 서울의 경우는 강동구에서 강서구로 이동을 위하여는 왕복 2시간 이상은 소요되기 때문에 대부분의 경력사원이 면접을 위해 이동하는 시간에 부담을 크게 느끼고 있던 것이 사실입니다

화상면접은 면접을 위하여 이동하는 시간을 큰 폭으로 줄여 줌으로써, 지원자와 면접관이 일정을 조율하는 데 수월해지는 장점이 있기 때문에 인사팀과 경력사원들이 선호하고 있습니다.

후보자 입장에서도 대면면접을 진행할 때는 하루에 면접이 2개 이상 진행될 때에는 하나를 포기해야만 하는 경우가 많았지만, 비대면 면접으로 넘어오면서 하루에 2개 이상의 면접을 볼 수 있어서 일정 조율이 훨씬 편리하다고 느끼는 분들이 많아졌습니다.

화상면접을 진행하는 장소에 대한 고민을 하는 분들도 있습니다. 카페 등에서 화상면접을 진행하기에는 주변 소음이나 배경 화면 등에 대한 우려가 있기 때문입니다. 회사에 있는 회의실 공간을 이용하기에는 부담스러워서 스터디룸과 같은 유료 회의공간을 이용하는 분들도 제법 있는데요. 현재 재직하고 있는 회사 주위에 화상면접을 진행하기에 적합한 장소를 찾는 일이 어려운 경우도 종종 발생하고 있습니다.

조용하고 쾌적한 면접 장소를 찾기에 어려움을 느끼는 분들은 스마트폰을 이용하여 화상면접 진행을 요청하는 경우가 많습니다. 노트북이나 데스크탑을 이용하는 것에 비교하여 스마트폰은 공간을 선정하는 데에 유리한 점이 많기 때문입니다. 채용기업에서도 면접 후보자에게 스마트폰을 이용하여 면접을 진행하자고 먼저 제안하는 경우도 자주 발생하고 있습니다.

'코로나19 감염 및 확산 방지'가 주요 목적으로 2020년에 급하게 채택이 증가하였던 화상면접에 '시간 절약'의 효과가 더해지면서 화상면접은 급격하게 증가하고 있습니다.

화상면접에서 조심해야 하는 포인트

화상면접은 기본적으로 상대방과 카메라를 통하여 대화를 하는 것이어서 화상통화를 자주 하시는 분들은 상대적으로 화상면접에 유리할 것으로 보입니다.

화면을 보면서 대화를 하는 것에 익숙하지 않은 분들이 아직은 많은 것 같아서, 화상면접에 대한 사전 체크 포인트를 정리합니다.

• 연결이 끊어질 수 있습니다.

5G 통신시대이지만, 화상통화는 일반통화보다는 훨씬 잘 끊깁니다. 연결이 끊기면 갑자기 당황하게 될 확률이 높고, 면접관들에게도 집중력이 떨어지는 시간이 될 수 있습니다. 와이파이를 이용하는 노트북을 사용해야 한다면, 차라리 핸드폰으로 연결하는 것이 낫지 않을까요?

• 화상으로 보이는 뒤편에도 신경 써야 합니다.

뒷 배경으로 개인 사생활이 보인다거나, 어수선한 배경이 보이는 것은 면접에 방해가 될 수 있으니, 한번 더 살펴보고 진행하는 것이 좋을 것 같습니다.

• 시선은 카메라에 두는 것이 좋습니다.

면접에서 자연스럽지 않은 시선 처리는 산만하다는 인상을 줄 수도 있습니다. 자연스러운 시선 처리가 될 수 있도록 사전 연습을 해두시면 좋을 것 같습니다.

• 카메라 각도는 미리 체크하시는 것이 좋습니다.

사람마다 본인이 좋아하는 얼굴 방향이 있는데요, 미리 셀카를 찍어 보시면서 각도를 체크하시는 것도 좋을 것 같습니다.

• 화상면접 소프트웨어 이외의 프로그램은 모두 종료하는 것이 좋습니다.

다른 프로그램이 작동되고 있는 경우에 혹시 실수를 할 수 있으니 기타 프로그램은 종료하시고 면접을 시작하시는 것이 좋을 것 같습니다.

• 화상면접도 면접입니다.

면접의 기본은 질문에 대답하는 것입니다. 질문에 대하여 설명을 하려는 것은 바람직하지 않은 것 같습니다. 질문을 받으시면 설명을 먼저 하고 결론을 이야기하는 미괄식 방식보다는 결론을 먼저 이야기하는 두괄식으로 간결하게 대답을 먼저 하는 것이 좋을 것 같습니다. 면접과 프레젠테이션은 구분하는 것이 좋습니다.

화상면접을 포함한 화상을 통한 온라인 커뮤니케이션은 온라인 대화에 경험이 많지 않았던 분들에게는 아직까지 어색함으로 다가오지만 최근에 회의, 미팅 등에서 온라인을 통한 만남이 급격하게 증가하면서 코로나19 상황이 종료되더라도 일반적인 면접 형태로 자리잡을 것으로 보입니다.

★ 직장인에게 드리는 Tip

대면면접은 급속하게 줄어들 것입니다. 카메라를 바라보면서 대화하는 것에 익숙하지 않은 분들께 평소에 자주 화상통화를 하는 것을 권합니다. 카메라를 보면서 대화하는 것이 최상의 화상면접 연습이 될 것입니다.

카메라를 보면서 대화하는 화상면접, 화상회의는 피할 수 없는 트렌드일 것입니다. 미리 미리 연습해 두시기 바랍니다.

참고자료

- 현대자동차, 영현대 공식 블로그, 2020.4.10.

https://blog.naver.com/0hyundai/221900538015

- 한국경제, [현장이슈] "비대면으로 했더니 면접 비용 1억 원 줄었어요", 2021.2.4.

https://magazine.hankyung.com/job-joy/article/202102034626d

- 동아일보, 포스트 코로나 시대, 대면면접 → 화상면접 전환 추세, 2020.9.14.

https://n.news.naver.com/article/020/0003309194

- 동아일보, 코로나가 불러온 면접환경 변화 세 가지…多대1, 집, 시간과 비용 최소화, 2020.8.31.

https://n.news.naver.com/article/020/0003306399

- 잡코리아 설문조사, 대기업 47.2% '상반기 대졸 신입 채용한다', 2021.2.26.

https://www.jobkorea.co.kr/goodjob/Tip/View?News_No=18662&schCtgr=0&Page=1

2 AI면접 증가

가끔 화상면접과 AI면접을 헷갈리는 분들이 있더군요. 카메라를 보면서 대화를 한다는 것에서는 동일하지만 대화 상대방은 확실하게 다릅니다. AI면접은 사람이 아닌 인공지능과 대화를 한다는 것에서 확실한 차이를 보입니다.

AI면접은 AI역량검사의 한 방법으로 역량게임, 성향파악 등과 함께 지원자를 판단할 수 있는 객관적인 자료를 기업에 제공하는 역할을 담당합니다.

사람은 자신이 가지고 있는 생각, 선입견, 주관에 따라 판단이 달라집니다. 물론 그날그날의 컨디션 차이에 따라 판단이 영향을 받습니다.

AI(인공지능)은 지원자의 피부색, 외모 인상에 영향을 받지 않으면서 지원자의 말투, 태도 등을 동일한 기준에 따라 판단을 할 수 있으며 판단 기준에 대한 데이터를 객관적으로 유지하고 변경할 수 있는 장점이 있습니다.

빅데이터 기술, 반도체 기술과 컴퓨팅 기술이 발전하면서 AI면접은 인간이 판단을 할 수 있도록 도움을 주는 인성검사와 같은 보조 자료로 충분한 역할을 하면서 새로운 채용 트렌드로 자리를 잡아 가고 있습니다.

인재 채용에서 적합한 인재를 진단하는 것에는 인성검사, 논술시험, 외국어시험, 자격증 등이 사용되는 것이 일반적이었으나 최근에 AI면접이 적용되면서 인재 진단 방법이 추가되는 모습을 보여 주고 있습니다.

마이다스아이티는 국내 최초로 2018년 AI역량검사 프로그램 잡플렉스(JOBFLEX)를 출시하면서 시장을 선점하고 있고 위드마인드도 AI면접 플랫폼 '아이엠' 등을 출시하면서 시장에서 경쟁을 하고 있습니다.

지원자 평가 방법의 새로운 대안

기존 이력서 서류전형, 인·적성검사, 직무테스트, 언어테스트 등 지원자 평가 방법에 AI가 지원자를 미리 평가하는 AI면접이 추가되는 것이 증가하고 있습니다.

지원자 평가에서 공정성, 객관성, 신뢰도에 대한 관심이 높아지면서 발생하는 변화로 보입니다.

AI면접은 인터뷰를 통해 지원자들의 표정, 답변에 담긴 감정, 진실성, 내용 등을 분석한 후 해당 직무의 롤모델들과의 유사성에 근거하여 지원자와 해당 직무의 적합성을 판단하는 것을 뜻합니다.

AI면접은 지원자의 역량을 평가하고 커뮤니케이션과 태도를 평가할 수 있는 표정 인식과 관련한 영상처리 및 인식 기술, 대화 내용을 분석하는 자연 언어 처리(NLP) 및 음성처리(STT) 등이 기반이 되어 개발되고 있으며 관련 기술 향상으로 인하여 AI면접 기술도 빠른 속도로 완성도가 높아지고 있습니다.

AI영상면접의 핵심 분석 기술은 크게 2가지입니다. 얼굴 표정 · 태도 · 시선 등 '비언어적 행동 분석'과 역량 평가를 위한 답변 '내용분석'이며, 두 분석 기술은 각각 겉으로 드러나는 크고 작은 행동과 말로 대답하는 내용 중에서 평가에 필요한 요소를 찾아내는 역할을 합니다.

비언어적 행동 분석 기술은 AI가 지원자의 면접 영상을 통해 '대인관계기술'을 자신감 · 호감도 · 신뢰감 · 침착성 · 적극성 · 논리성 등의 측면으로 평가합니다.

답변 내용 분석 기술은 지원자의 과거 경험, 행동을 도출할 수 있도록 설계된 질문에 대한 지원자 답변을 분석하여 역량별 점수와 행동지표 발견 확률을 점수화하는 것입니다.

'AI의 학습과정은 실제 기업의 채용담당자, 인사팀 등 숙련된 전문가들이 평가하는 점수를 보면서 스스로 특징 정보를 익히는 것'이어서 기업마다 다른 채용 기준을 반영해 배점을 달리한 평가까지 가능하도록 합니다.

관련 기술의 발달, 채용의 객관성 및 공정성 강화와 같은 사회적 요구 증가 및 기업 채용 담당부서가 객관적인 지원자 판단에 도움을 받을 수 있다는 장점 때문에 AI면접을 채택하는 기업은 급격하게 증가하고 있습니다.

안면인식 기술에 대한 우려

2021년 1월에 국내에서 논란이 된 인공지능 챗봇 '이루다'가 성희롱 논란에 이어 소수자를 대상으로 한 혐오발언 논란이 있었던 것처럼 안면인식 기술이 '차별'을 야기한다는 지적도 있으며 미국에선 2018년 아마존이 AI를 활용한 채용시스템을 없앴습니다. 2021년 1월 비디오면접 및 평가를 돕는 소프트웨어인 하이어뷰(HireVue)는 안면인식 기능 중단을 선언했습니다.

국내에서도 과학기술정보통신부와 국무조정실이 2020년 12월 국무총리 주재 국정현안점검조정회의에서 인공지능 법·제도·규제 정비 로드맵을 확정했는데요, 이에 따르면 면접과정에서 AI가 평가하고 분류한 결과나 절차에 대해서는 설명요구권과 이의제기권이라는 책임을 함께 부여하도록 했습니다. 즉, 사람이 AI의 처리 절차에 대해 설명을 요구하거나 이의제기도 할 수 있는 기반을 만들고 있습니다.

기술의 발전과 제도의 보완이 이루어져서 안면인식 기술이 시민의 권리와 자유를 침해하지 않으면서 발전할 것으로 생각하며, 이러한 기술의 발전은 AI면접의 일반화로 마무리될 것으로 예상됩니다.

한편, AI면접이 증가하면서 지원자에 대한 총 면접 횟수는 증가하고 있습니다.

많은 기업들에서 지원자를 평가하는 역할은 현업부서 팀장, 임원 및 인사팀장이 분야를 나누어서 담당했었습니다. 일반적으로 1차면접과 2차면접으로 구분되어 진행되는 경우가 많았습니다.

1차면접에는 현업부서와 인사부서가 참여하고 현업부서 팀장은 실무 능력을 평가하는 직무수행능력 평가를 중심으로 점수를 매겼으며, 인사부서 팀장은 인성을 평가하는 방식이었습니다.

1차면접을 통과한 분들로 진행되는 2차면접에서는 대표이사 혹은 현업부서 임원이 리더십 및 종합적인 능력을 평가하였습니다.

1차면접을 진행하기 이전에 AI면접을 추가하여 후보자 서류전형 평가에 객관성을 부여하는 기업이 늘어나면서 자연스럽게 총 3번의 면접을 진행하는 채용 형태가 증가하고 있습니다.

★ 직장인에게 드리는 Tip

안면인식 기술이 시민의 권리와 자유를 침해하지 않으면서 발전하여 채용과정의 하나로 자리매김을 할 것으로 생각하며 이러한 기술의 발전은 AI면접의 일반화를 앞당길 것입니다. 인재를 평가하는 채용 과정에서 면접관 개인의 평가에만 의존하는 비중은 작아질 것이어서 AI평가에 적극적으로 대응하시는 것이 좋을 것 같습니다.

AI면접도 카메라를 보면서 대화하는 유형입니다. 카메라를 통한 화상통화, 화상회의를 할 때에 내 목소리가 다른 사람에게 어떻게 들리는지, 나의 시선 처리에 자연스럽지 못한 점은 없는지 등에 신경 쓰면서 조금씩 개선될 수 있도록 미리미리 연습을 하시기 권합니다.

참고자료

- 정보통신산업진흥원 알쓸정보, AI면접관이 당신을 채용합니다, 2020.8.12.
https://blog.naver.com/with_nipa/222058317707
- 전자신문, 마이다스인 AI역량검사 백서, 2021.1.31.
https://www.etnews.com/20210129000183
- 머니투데이, 편견 없이 적성·역량 파악…'사람 볼 줄 아는' AI면접관, 2021.2.2.
https://news.mt.co.kr/mtview.php?no=2021012014280233232
- 머니투데이방송, [삼성을 나온 괴짜들] 인재 콕 집는 AI면접관, 2021.2.1.
https://news.mtn.co.kr/newscenter/news_viewer.mtn?gidx=2021020110510140478
- 미디어오늘, '제2 이루다' 아른거리는 안면인식 AI, 2021.1.20.
http://www.mediatoday.co.kr/news/articleView.html?idxno=211545
- 소믈리에타임즈, 코로나 속 와인 업계의 취업과 면접, 화상으로 인재 발굴, 2020.11.30.
http://www.sommeliertimes.com/news/articleView.html?idxno=17757
- 파이낸셜뉴스, AI가 처리한 결과에 이제 인간이 따지는 시대...AI법 정비 로드맵 나온다, 2020.12.24.
https://www.fnnews.com/news/202012241446580660
- 중앙일보, 스마트하다고? AI는 차별을 학습한다, 2021.1.16.
https://news.joins.com/article/23971664
- 파이낸셜뉴스, 구직자들 "'AI면접'이 대면면접보다 공정", 2020.8.28.
https://www.fnnews.com/news/202008281425478072

- 여성동아 이현준 기자의 랜덤박스, AI면접체험기, 2020.12.4.

https://post.naver.com/viewer/postView.nhn?volumeNo=30146825&mem-

berNo=29742322&vType=VERTICAL

3 상시채용 및 수시채용 증가

정기 공채, 수시채용, 상시채용의 차이를 살펴보겠습니다.

정기공채는 연 2회 혹은 연 3회 등 정해진 일자에 맞추어서 임직원을 채용하는 방식을 의미합니다. 짧은 시간에 대규모 인력채용이 가능한 방식인데요. '특정 업무를 잘 몰라도 똑똑한 사람을 뽑아서 키워 쓰면 된다'는 인식이 강하게 작용하고 있습니다. 하지만 지속적인 고속 성장이 멈추면서 정기공채 제도를 유지하는 것은 쉽지 않게 되었습니다.

기업에서는 채용에 소요되는 비용을 줄이려고 노력합니다. 상반기, 하반기 2회 공채를 준비하려면 인건비와 시간을 많이 투자해야 하는데, 이것은 기업에게도 부담으로 작용하게 됩니다. 기존에 IT 기술이 상대적으로 발전하지 않았던 시대에는 기업에서도 대안이 없어 어쩔 수 없이 공채 제도를 유지하였던 경향도 있습니다. 하지만 디지털 기반의 기술이 발전하면서 채용 플랫폼을 이용할 수 있게 되었고 이는 적은 비용으로도 수시채용이 가능하게 되는 배경이 됩니다.

수시채용은 수시공채의 다른 이름입니다. 수시라는 말은 필요할 때마다 공지를 내서 채용하는 방식을 말하고요, 공채는 회사에서 필요한 인력을 공개적으로 모집해서 채용하는 것입니다. 즉 수시채용은 필요한 인력이 발생할 때 수시로 공개채용을 한다는 것입니다. 채용 시기가 정해진 일정한 간격에서 수시로 변경된 것을 의미합니다.

상시채용은 수시채용에서 공개적인 모집 방법에만 한정하지 않고 비공개적인 방법도 사용하여 채용을 한다는 의미이며, 시기에 관계없이 우수인력이 눈에 띄기만 하면 언제든지 채용하는 제도입니다.

채용 사유가 발생했을 때 상시채용 방식으로 즉시 인재를 채용하는 방법은,

① 회사 인사부서에서 특정 직무 분야에 대한 인력풀을 가지고 있다가 해당 인재풀에서 즉시로 채용을 진행하는 방법과 ② 헤드헌터와 같은 외부 스카우트를 이용하여 인재추천을 받아서 채용을 진행하는 방법으로 구분되는 것 같습니다.

우리나라에서 정기 공채 제도가 유지되는 것은 쉽지 않아 보입니다. 이제 어쩔 수 없이 수시채용과 상시채용이 주류를 이루는 시대로 접어드는 것 같습니다.

경력사원 채용 선호

2021년 1월 취업포털 인크루트에서 실시한 대졸신입 채용동향 조사에 따르면 신입사원 채용이 필요하다는 기업은 59.6%, 신입보다는 경력 및 중고신입 채용이 효율적이라는 기업은 40.4%였습니다.

신입채용이 더 효율적이라는 응답은 대기업이 76.5%로 가장 높았고 중견기업 66.9%, 중소기업 53.2% 순이었던 반면 경력채용이 더 효율적이라고 본 곳은 대기업 23.5%, 중견기업 33.1%, 중소기업 46.8%였습니다.

신입채용이 필요하다고 답한 기업들은 가장 큰 이유로 공채를 통한 유능한 인재 선점(28.6%)을 들었습니다. 이어 경영진 의견(23.7%) 및 사업확장 등의 이유로 대규모 신입채용이 필요한 사업부문이 있음(23.5%), 조직 내 위계 구성을 갖추기 위함(14.3%), 기수문화 유지(8.2%) 등이라고 말했습니다.

경력직 및 중고신입을 선호하는 기업들은 그 이유로 실무에 곧장 투입할 인력이 필요(65.6%)하기 때문이라고 답했습니다. 이어 신입사원들의 잦은 입퇴사 반복(13.8%), 경영진 의견(10.6%), 공채 등 신입채용에 투자할 인력 및 비용이 없음(9.7%) 등의 순이었습니다.

2020년 9월 취업포털 사람인이 기업 292개사를 대상으로 '올드루키 선호도'에 대해 조사한 결과, 신입 채용 시 기업의 60.6%가 올드루키를 선호하는 것으로 나타났습니다.

올드루키 채용을 선호하는 이유로는 '바로 실무에 투입할 수 있어서'(79.7%, 복수응답)가 가장 많았으며 이어 △교육 비용과 시간을 절약할 수 있어서(38.4%) △업무나 생활에 노련함이 있을 것 같아서(37.3%) △조직적응력이 높아서(32.2%) △직장생활의 기본 매너를 갖추고 있을 것 같아서(24.9%) 등의 순으로 나타났습니다.

올드루키로서 선호하는 경력 연차는 평균 1년 5개월이었으며 구간별로 살펴보면 △21~24개월 미만(25.4%) △12~15개월 미만(25.4%) △24개월 이상(20.9%) △15~18개월 미만(9.6%) 등의 순으로 대체적으로 1년 이상의 경력을 선호하는 것으로 나타났으며, 실제로 최근 1년 내 입사한 신입사원 10명 중 2명(21.8%)은 올드루키인 것으로 조사됐습니다.

우리나라 대기업 신입사원 채용의 변화를 살펴보면 훨씬 더 큰 변화를 볼 수 있습니다. 삼성그룹과 락희화학(現 LG화학)이 1957년 정기공채를 시행한 이래 60여 년간 이어져 온 인재선발 방식에 근본적 변화가 생기고 있는 것입니다.

대규모 신입사원 공채는 고등학교 및 대학교 입학 학번과 함께 우리나라 기수 문화의 뿌리 중의 하나입니다. 하지만, 수시채용이 보편화하면 기수 문화에도 균열이 생기고 있고 균열은 더욱 커질 것으로 보입니다.

신입사원 기수문화는 연공서열(나이가 들면서 지위가 올라가는 체계)이나 종신고용(기업이 특별한 경우를 제외하고는 노동자를 해고하지 않고 정년까지 고용하는 것)과 함께 1960년대 일본에서 들어온 고용의 기본 틀로 역할을 하고 있었습니다.

일본의 경우는 2019년 경단련의 권고로 수시채용이 확산되고 있지만 우리나라와 비교해 보았을 때 수시채용의 확산 속도는 훨씬 느린 것으로 보입니다. 일본에서는 4월 기업설명회, 8월 면접, 11월 내정(합격)의 절차를 따르는 기업이 여전히 80%를 넘고 있습니다.

우리나라 기업들이 보는 신입사원 정기공채 폐지의 이유는 업무가 갈수록 세분화되고 또한 전문화되는 상황에서 정기공채 방식으로는 직무에 맞는 인재를 적시에 뽑기 어렵다는 것입니다. 하지만 그 외에도 한 번 뽑으면 정년까지 해고가 힘든 고용의 경직성, 대규모 공채 절차 진행에 따른 비용 부담 등 현실적 고민이 복합적으로 작용하고 있다고 보는 것이 맞을 것입니다. 물론 해고가 힘든 고용의 경직성은 근로자에게 고용의 안정성을 제공한다는 장점이 존재합니다. 하지만 업무의 효율성이 떨어지고 인재를 양성하기 어렵다는 단점도 있는 것이 사실이고, 노조의 이기심과 합해지면서 집단이기주의 모습을 가지고 간다는 비판도 피할 수 없을 것 같습니다.

우리나라 대기업에서 대졸 신입사원 채용에서 수시채용이 시작되는 것은 현대중공업그룹이 2016년 상반기 이후 조선업 경기 하락으로 공채를 진행하지 않고 기술·설계 분야 수시채용을 진행하는 것과 한화그룹이 2018년부터 수시채용을 병행한 것이 시작으로 볼 수 있으나 본격적인 상시채용은 현대차그룹이 시작하였습니다.

현대차그룹은 2019년부터 신입사원 정기공채 방식을 상시공채로 변경하여 채용을 진행하고 있습니다. 연 1회 혹은 연 2회 인재 선발 방식을 상시 지원 및 선발 체계로 바꿔 급변하는 사업 환경 흐름을 따라가겠다는 계획이며, 매월 지원서를 제출한 지원자를 대상으로 서류심사와 온라인 인성검사, 온라인 면접, 신체검사 등을 진행해 합격자를 선발할 계획입니다. 현대차 관계자는 "상시 채용 전환으로 지원자가 본인의 스케줄에 맞게 지원해 구직 기간을 단축할 수 있는 것도 큰 장점"이라며 "앞으로도 지원자 중심의 채용을 통해 미래 모빌리티 시대를 이끌어 나갈 우수 인재 확보에 적극 나설 계획"이라고 말했습니다.

현대차그룹은 2019년부터, LG그룹은 2020년부터, SK그룹은 2022년부터 신입사원 정기 공채를 전면 폐지하였거나 폐기하기로 했습니다. 우리나라 4대 그룹 중에서 삼성그룹만 신입사원 정기공채를 유지하고 있는데요. 전반적인 흐름은 이미 수시채용 쪽으로 변한 것으로 보입니다. 삼성은 2021년 1월에도 "현재 채용방식의 변화를 검토하고 있지 않다."고 밝혔으며 삼성전자는 2020년 4월과 9월 두 차례

걸쳐 수천 명을 선발했습니다. 올해도 비슷한 시기에 정기공채를 실시할 전망입니다.

상시/수시채용이 확대되면서 채용 과정에서의 투명성이 걱정되는 것도 사실입니다. 대략적인 채용 규모와 일정, 방식 등이 정해져 있는 정기공채와 달리 상시/수시채용은 진행 일정도 채용 인원도 가늠하기 어려운 경우가 대부분이어서 지원자들 입장에서는 마냥 결과를 기다리는 경우가 일상이 될 수도 있다는 걱정인 것입니다.

수시/상시로 채용이 전환되더라도 정해진 일정과 절차에 맞게 채용 프로세스를 진행하는 책임감을 기업들이 보여 줬으면 하는 바램입니다. 노조, 자사 임원들의 입김이 작용하여 폐쇄적이고 은밀한 채용이 되지 않도록 노력하는 것이 양질의 일자리 부족 현상이 극심해지는 취업환경 속에서 마음 졸이고 고통받고 있는 지원자들을 위한 최소한의 배려이자 기업의 사회적 책임이지 않을까요?

기업들이 정기공채 문화를 없애면서 중소기업 등에서 경력을 쌓은 뒤 대기업으로 이직하는 중고 신입의 사례가 함께 늘어나고 있고, 이러한 흐름은 중소기업들의 구인난 해결에 도움이 될 것이라는 전망도 할 수 있습니다.

그동안 사회 초년생 사이에서는 '첫 직장이 가장 중요하다'는 말이 통용됐는데요, 이것은 상대적으로 규모가 작은 회사에서 규모가 큰 회사로 옮기기가 쉽지 않아서였습니다. 하지만 대기업들이 실무 경험을 중심으로 인재를 뽑는 사례가 늘어나는 만큼, 중소기업 등에서 경력을 쌓고 대기업으로 이직하기 위한 움직임도 늘어나고 있고 향후에는 더욱 증가할 것이라는 생각을 합니다.

스카우트 채용의 증가

기업이 채용공고를 발표한 후에 채용공고에 지원하는 인재를 기다리는 대신에, 기업이 필요로 하는 인재를 직접 찾아 나서는 스카우트 채용이 증가하고 있습니다. 물론 이러한 현상은 관리직이나 전문직에 해당하는 것으로 노무직이나 단순 생산직 채용에서는 채용공고를 통하여 지원을 받는 방식이 아직은 일반적입니다.

국내 기업들은 일반적으로 빠른 성장을 위해서 공채 우선주의와 자사 순혈주의를 활용하였고 최근까지도 많은 기업들이 이러한 방식을 유지하고 있습니다. 말단 사원 때부터 기량을 닦고 조직에 충성하면 언젠가 최고 자리에 오를 수 있다는 희망을 준 것입니다. '샐러리맨의 신화'는 그렇게 만들어졌으며 기업의 필요에 의해 외부 인재를 수혈해도, 외부 인재를 CEO나 대표 자리에 앉히진 않았습니다.

'순혈주의'는 기업 내부 결속을 다지고 단결력을 통한 기업의 빠른 성장을 가져오는 데 기여했습니다. 한국 기업이 세계적 기업의 성공

공식을 따라 성장한 '패스트 팔로워' 전략 당시엔 순혈주의 방식이 어느 정도 긍정적 역할을 했다고 볼 수 있습니다.

하지만, 2010년 전후로 '순혈주의 타파'를 외치는 기업들이 급증하고 있습니다. 그동안 자사 순혈주의, 공채 우선주의를 내세우며 조직 내부 기강을 잡고 빠르게 성장했던 국내 기업들이 외부 인재를 적극 수혈하며 조직에 바람을 일으키기 시작한 것입니다. 2020년 전후하여 연말 연초 기업들의 정기 인사 키워드는 '순혈주의를 깨고 혁신'이 많이 보입니다. 기업들의 순혈주의 타파 움직임은 4차 산업혁명과 맞닿아 있으며 재계에서는 '산업 영역 간 구분이 무너지고 모든 것이 융합·응용되는 시대에 자사 순혈주의는 성장에 악영향을 미친다'는 분위기가 확산되고 있는 추세입니다.

공채 위주 순혈주의를 고집하던 금융회사들도 최근 인사 정책에 변화를 주고 있습니다. 외부 인력에 문호를 개방하고 필요하면 고위 직군에도 파격 대우를 약속하며 스카우트하는 것도 마다하지 않고 있습니다.

과거 금융권이 외부 인사를 영입하던 방식은 정관계 혹은 금융감독당국 출신을 사외이사 혹은 준법감시인 정도의 특수직에 앉히는 식이었지만 최근에는 분위기가 많이 달라졌습니다.

실제 시중은행의 외부 디지털 전문가 영입은 이제 하나의 트렌드로 자리 잡는 분위기입니다.

신한금융그룹은 2018년 금융권 디지털마케팅 전문 컨설턴트 출신인 이성용 전 베인앤컴퍼니 한국 대표를 미래전략연구소 대표로 영입했고 KB국민은행도 2019년 삼성전자와 삼성SDS, 현대카드를 거친 빅데이터 전문가 윤진수 부행장을 영입했으며 삼성전자 출신 유세근 본부장에게는 새해 클라우드 플랫폼단을 맡겼습니다. 우리은행은 2018년 휴렛팩커드(HP) 출신 황원철님을 디지털금융그룹장으로 들인 후 최근 승진 발령을 냈습니다.

'순혈주의'에서 둘째 가라면 서러운 현대차그룹도 정의선 수석부회장이 전면에 나선 2018년 인사부터 인재 수혈과 외부 영입 인사의 중용이 활발합니다. 전략과 차량 개발의 주요 보직에 모두 '외국인 용병'을 기용하며 순혈주의를 깼습니다. 2018년 말 인사에서는 차량성능담당을 맡아온 독일 BMW 출신의 알버트 비어만 사장을 현대차의 핵심 중 핵심인 연구개발본부장에 앉혔는데요. 외국인이 연구개발본부 수장이 된 건 현대차 창사 이래 처음이었습니다.

포스코도 마찬가지입니다. 포스코는 2018년 12월 임원인사를 하면서 "신설되는 조직에는 순혈주의를 타파하고 전문성을 보유한 인재를 중용한다는 경영철학에 따라 외부 전문가를 과감하게 영입한다"고 밝혔고, 그룹의 미래 먹거리를 책임질 '신성장 부문장'에 오규석 전 대림산업 사장을 영입했고, 그룹 싱크탱크인 포스코경영연구원장에는 산업연구원 출신 장윤종 박사를 스카우트했습니다. 산학연협력실장에는 박성진 포항공대 기계공학과 교수가 선임됐고, 2월 신설한 무역통상 부문장에는 김경한 전 외교부 국제경제국 심의관을 영입했습니다.

"삼성 사장들은 매년 연말이면 S(super)급 인재를 스카우트하러 다니느라 국내에 없습니다. S급 인재를 얼마나 발굴했는지가 인사 고과 비중의 30%나 되기 때문입니다."

S급 인재 영입의 숨은 공신은 총수나 대표이사(CEO) 등 최고위 임원들입니다. 이들은 미국, 유럽, 일본 등 가리지 않고 '인재가 있는 곳'이면 달려가 러브콜을 보낸다는 게 산업계 관계자들의 공통된 얘기이며, 2018년 3M에서 수석부회장으로 일했던 신학철 LG화학 부회장(CEO) 영입에 고(故) 구본무 회장 등이 직접 공을 들인 것이 대표적인 사례로 꼽힙니다.

미국 항공우주국(NASA) 고위 연구원(현대자동차), 모바일 게임업체 일본법인 대표(SK텔레콤), 미국 헬스케어기업 수석부사장(삼성전자) 등등의 인재들이 국내 주요 대기업이 2019년, 2020년에 영입한 대표적인 'S(Special)급' 임원들입니다.

삼성 LG 등 글로벌 기업으로 성장한 국내 대기업 고위 관계자들은 매년 두세 차례씩 해외에서 열리는 '리쿠르트' 행사에 직접 뛰어들

기도 합니다. 삼성전자가 2017년부터 미국에서 개최하고 있는 '테크포럼'이 대표적인 사례이며 삼성전자의 미래기술 전략과 차세대 방향성 등을 발표하는 자리지만 공식행사 이후엔 인재영입 활동이 활발하다고 합니다. 실리콘밸리에서 열린 '테크포럼 2019'엔 김현석 CE(소비자가전)부문장(사장)과 한종희 영상디스플레이사업부장(사장) 등 핵심 경영진이 참석해 현지 인재들을 직접 만났습니다.

LG는 삼성보다 더욱 적극적입니다. LG는 매년 미국 샌프란시스코에서 총수들이 직접 참여하는 LG의 공식적인 '미래기술 인재' 영입 행사인 'LG테크컨퍼런스'를 열고 있습니다. 고(故) 구본무 회장이 2018년을 제외하고 매년 참석할 정도로 공을 들였고 구광모 회장 역시 취임 이후 첫 출장으로 이 행사를 선택, 참여해서 40여 개 테이블을 직접 돌며 대학원생들에게 'LG 입사'를 권유했다고 합니다.

LG 구광모 회장은 3M 신학철 수석부회장, 홍범식 베인&컴퍼니코리아 대표, 김형남 전 한국타이어 연구개발본부장, 이창엽 한국코카콜라 사장, 김은생 델 테크놀로지스 총괄사장, 미국 통신사 스프린트의 정수헌 부사장, 롯데BP화학의 허성우 부사장, 윤형봉 전 티맥스소프트 글로벌사업부문 사장 등등의 외부 인재 영입에 공을 들였습니다.

바이오 벤처기업의 인재영입도 대단합니다.

바이오기업 제넥신은 2018년 김광호 전 존슨앤드존슨(J&J) 북아시아 총괄사장을 부사장으로 영입하였고, 바이오기업 유틸렉스는 2017년에 SK그룹 관계회사인 나노엔텍 대표를 부사장으로 영입하였습니다.

기업들이 스카우트 채용에서 조심해야 하는 어두운 면도 존재하는데요, LG화학(현, LG에너지솔루션)과 SK이노베이션 간의 '전기차 배터리 영업비밀 침해 소송'을 사례로 살펴보겠습니다.

전기차 배터리 분야에서 선두를 달리던 LG에서 2017년 여름, 인재들이 SK로 대거 이직하면서 다툼이 시작되었습니다.

2010년대 들어 전기차 시장이 급성장하면서 배터리 업체들의 배터리 수주전이 치열하게 벌어졌습니다. 국내에선 LG화학이 2010년 미국에 배터리 공장을 착공하는 등 가장 앞서 있었고 SK이노베이션은 2017년 "2025년까지 배터리에서 글로벌 선두가 되겠다."며 추격을 선언했습니다.

2017년 여름 LG화학에서 배터리 관련 연구·개발(R&D) 등을 담당하던 직원 20여 명이 SK이노베이션으로 대거 옮겼고 당시 LG는 SK 측에 "인력 스카우트를 자제해 달라."는 내용의 공문을 보냈습니다. 하지만 이직이 계속되자 LG는 SK로 간 핵심 인력들이 이직 과정에서 기술 관련 핵심 문서들을 유출해 갔다고 의심했으며 5명에 대해서는 법원에 전직(轉職) 금지 가처분 소송까지 냈습니다. 당시 SK 측은 LG 경력사원 100여 명을 채용한 사실은 인정하면서도 "이들이 높은 연봉과 좋은 처우 때문에 자발적으로 옮긴 것일 뿐"이라며 기술 유출을 부인했습니다.

하지만, 미국 국제무역위원회(ITC)가 2021년 2월 10일(현지 시각) LG에너지솔루션(구, LG화학)과 SK이노베이션 간의 '전기차 배터리 영업비밀 침해 소송'에서 LG 측의 손을 들어줬는데요 최종 판결의 골자는 SK 측의 영업비밀 침해를 인정하고 앞으로 10년간 미국 내 배터리 수입·생산을 전면 금지한다는 것이었습니다.

이런 사례는 스카우트를 통한 인재영입 과정에서 '지식재산권 침해'와 '기술 이전 강요' 등의 문제 발생 가능성에 대한 고려는 반드시 병행되어야 하는 것을 보여 줍니다.

외부 스카우트를 통한 인재영입 이외에도 내부 추천을 통한 채용도 꾸준하게 진행되고 있습니다. 즉, 헤드헌팅을 통한 채용 이외에도 내부 직원 혹은 인맥 추천을 통한 채용도 꾸준한 인기를 얻고 있는 것입니다.

2018년 10월 취업포털 커리어가 인사담당자 437명에게 '인맥 채용'이라는 주제로 설문조사를 진행한 결과, 응답자의 60.2%가 '채용 과정에 지원자를 소개(추천)받은 경험이 있다'고 답했으며 이들 가운데

86.3%는 '소개받은 지원자를 실제로 채용한 적이 있다'고 밝혔습니다. 즉, 기업 10곳 중 6곳은 인맥 채용 경험이 있는 것으로 조사됐습니다.

'소개로 채용한 인재와 전형절차를 거쳐 채용한 인재 중 만족도는 누가 더 높나'를 묻자 '소개받은 인재가 더 만족스럽다'(68.3%)는 의견이 '공고를 통해 채용한 인재가 더 만족스럽다'(31.7%)는 의견보다 2배 이상 많았습니다.

이어 '소개받은 지원자를 어떤 절차를 거쳐 채용했나'라는 질문에 응답자의 절반 이상이 '소개를 받았지만 다른 지원자들처럼 모든 전형을 다 진행한 후 채용했다'(54.2%)고 답했고 '면접 절차만 거쳐 채용했다'(27.8%), '절차 없이 바로 채용했다'(11%), '서류 절차만 거쳐 채용했다'(7.1%) 순이었습니다.

인맥 채용 경험이 있는 인사담당자들은 신입사원 채용보다는 주로 '경력사원 채용'(62.7%)에서 '직장상사 및 동료의 소개를 받았다'(69.4%)고 답했습니다.

'소개를 받아 채용을 진행한 이유'에 대해 '적합한 인재를 쉽게 찾을 수 있기 때문에'(43.4%)라는 의견이 1위를 차지했고 '지인으로부터 청탁이 들어와서'(34.2%), '소개해 준 사람을 통해 검증된 인재이기 때문에'(22.1%), '채용공고를 통해 뽑은 지원자가 마음에 들지 않아서'(0.4%) 순이었습니다.

신입사원 채용에는 정기 공채가 줄어드는 대신에 채용연계 인턴 채용방법이 증가하고 있습니다.

채용연계형 인턴십 제도는 처음부터 정규직으로 채울 의사가 있던 직무에 수습근로자(인턴)를 임시직으로 채용했다가 추후 이들 전부나 일부를 정규직으로 전환하는 채용형태로서 2010년 이후 공공기관은 물론 많은 민간 기업들이 신규채용 제도의 일환으로 도입해 오고 있으며, 채용공고에 채용연계형 인턴은 '일정기간 인턴으로 근무 후 정규직으로 채용될 가능성이 있는 근로자'로 보고, 보통 '평가 후 전환'이라는 식으로 명시하고 있습니다

경영자총협회의 「2012 인턴제도 운영 실태조사」에 따르면, 전국 375개 기업 중 95%에 달하는 기업들이 채용연계형 인턴십 제도를 운영하고 있다고 답해 이 제도가 일반적인 채용채널 혹은 인력수급방식의 하나로서 빠르게 확산, 도입되었음을 확인할 수 있습니다.

★ 직장인에게 드리는 Tip

신입사원이든 경력사원이든 정기 공채를 통하여 채용을 하는 방식은 대부분이 없어질 것입니다.

프로선수의 소속 팀 변동은 시즌 중에도 언제든지 일어날 수 있는 것처럼, 직장인의 이직도 언제든지 일어날 수 있습니다.

심리적인 부담감을 최소화하면서 현재 재직 중인 회사에서 업무 실적을 만드시는 것이 최상의 이직 비법이 될 것입니다. 현재 재직 중인 회사에서 최상의 성과를 내기 위하여 노력하시기 바랍니다.

참고자료

- 경향비즈, 기업 5곳 중 2곳, 신입보다 경력사원 선호, 2021.1.27.
http://biz.khan.co.kr/khan_art_view.html?artid=202101270925001&code=920100
- 데일리이코노미, 기업 10곳 중 6곳 "당장 실무 투입 가능한 '올드루키' 좋아"… 2년 미만 가장 선호, 2020.6.1.
https://www.enewstoday.kr/news/newsview.php?ncode=1065574164043706
- 한국경제, [사설] 현대車가 시동 건 대기업 상시 공개채용, 환영한다, 2019.2.14.
https://www.hankyung.com/opinion/article/2019021411571
- 아시아경제, 현대차, AI 인재 빨아들인다…경력직 상시 채용 시작, 2019.7.25.
https://view.asiae.co.kr/article/2019072509124812910
- 한국경제, NASA 출신 현대차 부사장, 구글 출신 삼성 상무…S급 인재 영입 나선 대기업들
https://www.hankyung.com/economy/article/202007031032i
- 매경이코노미, 금융권, 공채 · 내부 발탁 안녕~ 순혈주의 타파 봇물, 2021.1.21.
http://news.mk.co.kr/v2/economy/view.php?year=2021&no=70370
- JobsN, "현대차 순혈주의? 이제 그런거 없습니다" 작심발언 1년 뒤…, 2019.2.11.
https://1boon.kakao.com/jobsN/5c5e567af3a1d40001b8895d
- JobsN, 조직 기강 잡으며 기업 키워낸 순혈주의, 이제는 속속 사망선고, 2019.2.18.
https://post.naver.com/viewer/postView.nhn?volumeNo=17808017&memberNo=27908841&vType=VERTICAL

- 뉴스웨이, 구광모의 외부 영입 '베스트 일레븐'…LG 순혈주의 지각변동, 2020.12.9.
https://post.naver.com/viewer/postView.nhn?volumeNo=30182575&mem-berNo=28983946&vType=VERTICAL
- 조선일보, LG에 패소한 SK배터리… 배상 합의못하면 215조 시장 잃을수도, 2021.2.15.
https://www.chosun.com/economy/economy_general/2021/02/15/W7ZPHBZPRZDK7DFV66HF5AQAFM/?utm_source=naver&utm_medi-um=referral&utm_campaign=naver-news
- 파이낸셜뉴스, 인사담당자 절반 이상 "인맥 채용? 괜찮아", 2018.10.31.
https://www.fnnews.com/news/201810310905390284
- 홍종윤 · 이준구, 한국노동연구원, 노동정책연구 2018. 제18권 제3호 37~73페이지
- 채용연계형 인턴십 제도 도입 및 활용의 선행요인과 고용성과에 미치는 영향

4 채용 아웃소싱 증가

아웃소싱(OutSourcing)은 기업 업무의 일부 프로세스를 경영 효과 및 효율의 극대화를 위한 방안으로 제3자에게 위탁해 처리하는 것을 말합니다.

아웃소싱은 크게 2가지로 구분되는데요, 하나는 기업 내부의 프로젝트 활동을 기업 외부의 제3자에 위탁해 처리하는 업무방식이고 다른 하나는 외부 정보통신 전문 업체가 고객 정보처리 업무의 일부 또는 전부를 장기간 운영·관리하는 전산시스템을 말합니다.

여기에서는 전자의 개념인 기업 내부의 프로젝트 활동을 기업 외부의 제3자에 위탁해 처리하는 업무방식을 의미하는데요, 영수증 등을 계정과목에 맞추어 입력하는 회계 입력업무, 제품 생산과 직접 관련된 원자재를 제외한 소모성 자재와 관련된 구매업무, 청소를 포함하는 건물관리 업무 등이 이러한 아웃소싱의 주요 업무 대상입니다.

최근에는 인사(HR)업무도 아웃소싱으로 많이 진행이 되고 있는데요, 인사 아웃소싱의 분야는 채용 분야, 평가 분야, 페이롤 분야, 교육 분야 등으로 다양하지만 여기에서는 채용업무 분야에 한정하여 살펴봅니다.

채용공고 효율의 감소

채용공고를 광고하는 방법은 취업 포털을 이용하거나 자사 온라인 사이트를 이용하는 방법으로 크게 구분됩니다. 여기에서는 취업 포털을 이용하는 채용공고로 한정하여 살펴봅니다.

채용공고 효율이 떨어지는 이유는 ① 채용공고 채용 조건의 불확실성 ② 우수 인재들의 채용공고 검색 기피 ③ 지원자 부족으로 인한 가성비 하락의 3가지로 구분할 수 있을 것 같습니다. 물론 채용공고 채용조건의 불확실성이 최대 원인이 되겠지만 지원자가 채용공고를 멀리하는 이유와 가성비 하락도 함께 살펴보겠습니다.

가장 큰 이유는 채용공고에서 보여 주는 채용조건의 불확실성입니다. 채용공고를 등록하면서 기업이 희망하는 인재 조건을 명확하게 적을 수가 없다는 것은 기업과 구직자 모두에게 큰 장애요인으로 작용하여서 채용공고 효율이 감소하게 하는 주요 원인입니다.

여자로 한정하여 채용을 하고 싶지만 희망 성별을 표기하여 채용공고를 등록하여서는 안 되며, 30대로 채용을 하고 싶지만 연령을 30대로 한정하여 채용공고를 등록하여서는 안 되며, 대학원 학력을 가진 인재로 한정하여 채용을 하고 싶지만 학력을 한정하여 채용공고를 등록하여서는 안 됩니다. 대부분의 기업들이 남녀 구분, 고졸 및 4년제 대학학력 등으로 채용조건 내용을 표기하여 등록하고 있지만 이는 향후 법규 문제가 발생할 수 있는 잠재요소를 가지고 있어서 대부분의 인사담당자는 조건을 명확하게 하여 채용공고를 등록하는 것을 꺼리게 됩니다.

채용공고에서 성별, 연령, 학력을 차별하는 내용이 있어서는 안 되도록 하는 법규는 아래와 같습니다.

> 고용정책기본법 제7조(취업기회의 균등한 보장) ① 사업주는 근로자를 모집 · 채용할 때에 합리적인 이유 없이 성별, 신앙, 연령, 신체조건, 사회적 신분, 출신지역, 학력, 출신학교, 혼인 · 임신 또는 병력(病歷) 등(이하 "성별 등"이라 한다)을 이유로 차별을 하여서는 아니 되며, 균등한 취업기회를 보장하여야 한다.
>
> 남녀고용평등법 제7조(모집과 채용) 사업주는 근로자를 모집하거나 채용할 때 남녀를 차별하여서는 아니 된다.
>
> 고령자고용법 제4조의4(모집 · 채용 등에서의 연령차별 금지) ① 사업주는 다음 각 호의 분야에서 합리적인 이유 없이 연령을 이유로 근로자 또는 근로자가 되려는 사람을 차별하여서는 아니 된다.

위 법규들에 따르면 기업에서는 채용공고에 지원자의 나이 및 성별을 구분하여 표기하여서는 안 되고 학력이나 출신학교를 구분하여 표기하여서도 안 됩니다.

채용공고에서 차별에 대한 표현이 없어지는 것은 사회적인 차별에 대한 인식을 개선하고 차별 발생을 줄여 주는 효과가 있는 것은 사실입니다. 하지만 지원자에게 기업이 희망하는 지원자 조건을 명확하게 알려주지 못하게 되는 경우에는 구직자와 구인자가 모두 불편을 감수하는 경우가 증가하는 것도 사실입니다.

지원자가 채용하려는 인원보다 숫자가 많은 경우에는 어쩔 수 없이 지원자를 평가하게 되고 최종 선택에서는 지원자에 대하여 차별을 하여야 하는 것은 피할 수 없는 것입니다. 최종적으로는 차별을 하더라도 채용공고에서는 차별을 하지 말라고 법으로 규정하는 것이 채용공고의 효율이 감소하는 원인으로 작동하고 있는 것입니다.

기업은 지원자 평가를 위하여 인성검사, 적성검사, AI면접, 1차면접, 2차면접, 평판조회 등을 하고 있는 상황입니다. 기업에서 4년제 대졸 학력 이상의 관리자 및 전문가를 채용할 때, 지원자를 평가할 수 있는 가장 안전하고 편리한 방법은 무엇일까요? 아마도, 지원자의 출신 대학교를 평가하는 방법이 가장 안전하고 편리한 지원자 평가 방법일 것입니다. 기업에게 출신 대학교에 따른 지원자 평가 방법을 사용하지 못하게 하는 것은 기업의 자율권을 침해하는 것은 아닐까요?

특정 출신학교를 졸업한 지원자 모두가 기업이 기대하는 조건을 갖추는 것은 아니지만 일반적으로는 해당 학교에 입학하기 위하여 지원자가 성실한 학교생활을 하였다고 추정을 하거나 주어진 목표를 달성하기 위하여 인내하고 노력하는 인성을 갖고 있다고 평가하게 됩니다.

고용의 유연성이 높지 않은 우리나라 환경에서는 지원자 평가에 훨씬 더 신경을 많이 쓰는 것이 사실이지만 채용공고 등록에서는 성별, 연령, 학력 차별을 하지 않는 것처럼 내용을 적는 것은 채용공고 정보에 대한 신뢰가 없어지면서 채용공고의 효율이 감소하는 결과를 불러오고 있는 것입니다.

두 번째 이유는 채용조건의 불확실성으로 인하여 우수 인재들이 상대적으로 채용공고 검색을 멀리한다는 데에 있습니다. 물론 단순 노무직이나 생산직 채용에서는 채용공고가 효과가 있을 수 있지만, 관리직이나 전문직 채용에서는 상황이 다릅니다.

채용공고 내용만을 통해서 지원 조건이 명확하다는 것을 파악하기가 어려운 경우에 현재 직장에 재직 중인 경력사원은 대부분 지원하지 않을 것입니다. 물론 이직을 결심하였거나 퇴직이 확정된 경력사원의 경우는 조건을 묻지 않고 지원하는 데에 부담이 크지 않겠지만, 재직자에게는 쉽지 않을 것입니다. 더군다나 채용공고는 대부분 퇴근 이후나 휴일에 보는 경우가 대부분이어서 채용 담당자에게 직접 질문을 하기도 애매하게 됩니다.

채용조건이 불확실한 상태에서 자신의 이력서를 제출하는 것은 개인정보 노출로 인한 이직소문에 대한 염려도 우수 인재들이 채용공고에 지원하지 않는 이유로 크게 작용하는 것으로 생각됩니다. 전문직이나 관리직이 채용공고에 지원하는 경우는 해당 기업이 같은 업종에 있는 경우가 대부분이어서 이직소문 발생에 대한 우려가 높은 것입니다.

세 번째 이유는 우수 인재들이 채용공고를 통하여 지원을 하지 않으면서 채용공고의 가성비가 하락한다는 데에 있습니다. 물론 채용을 알리는 방법으로는 채용공고를 등록하는 비용이 가장 효율적이라고 채용업무 담당부서에서는 생각하고 있습니다. 하지만, 전문직이나 관리직으로만 한정한다면 채용공고 가성비는 상대적으로 하락하게 됩니다.

국내 최대의 취업포털인 사람인과 잡코리아의 채용공고 광고 비용을 살펴보겠습니다.

첫 번째로 잡코리아입니다. 가장 윗부분에 채용공고를 노출하는 VVIP 채용관 비용은 770,000원/일(옵션 별도)이며 다음 위치에 채용공고를 노출하는 VIP 채용관 비용은 517,000원/일(옵션 별도)이며 다다음 위치에 채용공고를 노출하는 Top Class 채용관 비용은

418,000원/일(옵션 별도)입니다.

두 번째, 사람인입니다. 가장 윗부분에 채용공고를 노출하는 플래티넘 영역 비용은 5,400,000원/1주(옵션 별도)이며 다음 위치에 채용공고를 노출하는 프라임 영역의 비용은 3,600,000원/1주~4,300,000원/1주(옵션 별도)이며 다다음 위치에 채용공고를 노출하는 스페셜 영역의 비용은 2,900,000원/1주~2,300,000원/1주(옵션 별도)입니다.

잡코리아, 사람인 모두 무료로 채용공고를 등록해 주는 기능도 있지만 이는 검색을 하는 경우에만 채용공고가 노출되기 때문에 자동으로 채용공고가 노출되는 배너광고에 비교하여 상대적으로 효율이 떨어진다고 볼 수 있습니다.

헤드헌팅 및 채용대행의 증가

2020년 9월 'SBS 런닝맨' 프로그램에 출연한 연예인들이 "헤드헌터가 뭐야, 머리 날리는 거야?", "헤드헌터가 미용사인 줄 알았다고." 하는 등 헤드헌터의 뜻을 새롭게 해석해 웃음을 자아내는 모습이 뉴스 기사로 화제가 되었던 기억이 있습니다.

직장인에게는 '헤드헌터'라는 단어가 낯설지 않은 단어가 되어 가고 있을 정도로 헤드헌팅 채용은 일반화되고 있는데요, 네이버 지식

백과에 따르면 헤드헌터는 기업의 최고경영자 임원이나 첨단기술자 과학자 등 고급기술 인력을 필요로 하는 기업이나 기관에 소개해 주는 대가로 수수료를 받는 민간인력 소개업체를 말합니다.

미국, 일본, 영국, 프랑스, 독일, 중국 등 주요 국가에서는 대부분 기업의 임원채용은 물론 중간 관리자채용까지도 헤드헌팅 업체에 의뢰하는 등 헤드헌팅 채용이 보편화되어 있습니다.

한국 헤드헌팅 기업들의 수수료는 통상적으로 연봉의 15~25% 정도이며 미국, 일본, 유럽 헤드헌팅 기업들의 수수료는 통상적으로 연봉의 25~35% 정도로 알려져 있습니다.

국내 헤드헌팅 시장에 대한 공식적인 통계자료는 없으나, 2019년 말 기준 약 7,500~10,000명 정도의 컨설턴트(헤드헌터)들이 활동하고 있는 것으로 업계는 추정하고 있습니다.

헤드헌팅 시장규모 또한 정확한 측정이 불가능하지만, 컨설턴트 1인당 연간 평균 4500만 원의 매출을 창출하는 것을 감안하면 약 3500억 원 이상의 시장을 형성하고 있는 것으로 추정됩니다.

국내에 헤드헌팅 사업이 본격적으로 시작된 것은 1980년대 후반으로 추정되고 있습니다. 1988년 서울 올림픽 이후 외국인 투자가 증대되면서 다양한 업종의 외국계 회사가 한국에 진출하였고 이로 인한 인력조달의 수요가 생기면서 외국계 회사에 인력공급을 원활히 할 수 있는 채용 서비스가 요구되었습니다.

이 시기 국내 헤드헌팅 업체는 핵심인력 중심의 비즈니스가 아닌 주로 외국계 회사의 국내진출에 필요로 하는 초창기 인력들과 외국인 지사장의 비서 등 비교적 손쉬운 포지션에 대한 채용대행을 주된 사업으로 삼았습니다. 하지만, 동시에 헤드헌팅은 '유료직업소개소'로 업종이 분류됨에 따라, 그 수수료에 엄격한 제한을 받아 시장의 성과와 수익창출에 어려움을 겪었습니다.

1990년대 중반 이후 국내 헤드헌팅 사업은 본격적인 성장기를 맞이하게 됩니다. 1997년 9월 고용노동부가 기관장, 최고경영자, 고위 관리자 등 12개 분야의 고급인력에 대하여 연봉 20% 이하의 수수료를 받고 합법적으로 영업할 수 있도록 관련 법령을 개정하면서 헤드헌팅 사업은 새로운 전기를 마련하게 되었습니다. 이후 IMF 금융위기를 지나 구조조정과 효율화가 기업 경영의 화두로 자리잡기 시작하면서, 본격적인 시장을 형성한 것으로 판단합니다. 또한, 한국 경제의 글로벌화로 인한 외국계 기업의 한국 진출이 촉진되고, 맞춤 인재에 대한 수요가 증대됨에 따라 시장은 폭발적인 성장을 하게 되었습니다.

최근 국내 헤드헌팅 시장은 외국계기업과 더불어 대기업, 공기업, 벤처기업까지 고객층을 확산해 나가고 있으며 초급 간부 이상 경력자의 채용 및 개인 평판조회 서비스, 채용 컨설팅 등으로 사업영역을 확장해 나가고 있는 추세입니다. 향후에도 꾸준한 성장이 기대됩니다.

헤드헌팅 채용이 증가하는 이유는 경력사원 채용의 증가, 채용공고 효율의 감소 등 여러 가지를 생각할 수 있겠지만 상시채용 및 수시채용이 증가하면서 기업에서 채용업무에 대한 효율을 고려하기 시작하였다는 것이 가장 큰 요소로 작용하는 것 같습니다.

기업에서는 채용 업무 수행을 위하여 인사부서 인건비를 포함하여 채용 광고 비용, 필기시험이나 면접시험 진행 비용, 직원 교육 비용 등의 여러 비용을 부담하는데요, 이를 채용 비용이라고 부릅니다.

채용업무를 내부직원이 담당할 때에 소요되는 채용 비용이 헤드헌팅 채용으로 전환하는 것이 효율적이라는 판단을 하는 것으로 보이며, 이런 경향은 당분간 지속될 것으로 보입니다.

국내 헤드헌팅 기업 상황은 아래와 같이 구분됩니다.

• 국내 헤드헌팅 업체

커리어케어, 유앤파트너스, 유니코써어치, HR맨파워, 프로매치코리아 등 유명 헤드헌팅 업체를 포함하여 200개 이상의 업체가 활동을 하고 있습니다.

• 외국 헤드헌팅 업체

Korn Ferry, Heidrick & Struggles, Adecco, Kelly Services, Egon Zehnder, Robert Walters 등을 포함하여 세계적인 인지도를 가지고 있는 헤드헌팅 기업들의 대부분이 한국에 진출해 있습니다.

• 헤드헌팅 플랫폼

히든스카우트, 위크루트 등의 서비스가 헤드헌팅 전문 플랫폼으로서 운영되고 있으며, 취업포털들도 헤드헌팅과 연관된 기능을 제공하면서 헤드헌팅 플랫폼으로서 역할을 하고 있습니다. 히든스카우트는 국내 최초로 가명이력서 시스템을 도입하여 전문직이나 관리직 경력사원들이 안심하고 이용할 수 있는 장점을 제공하면서 구직자로부터 좋은 반응을 얻고 있으며 인재연결 서비스를 무료로 제공하면서 헤드헌터들로부터도 좋은 반응을 얻고 있습니다.

채용대행도 증가하고 있는데요, 채용대행은 헤드헌팅 채용과는 다릅니다. 일반적으로 채용대행은 채용기획부터 입사까지의 모든 채용과정 혹은 모집과 선발의 일부 과정을 시스템화하여 대행하는 활동을 말하며, 헤드헌팅은 채용 포지션에 적합한 인재를 추천하는 활동을 말합니다.

공기업, 사기업, 서울, 지방을 구분하지 않고 많은 분야에서 채용비리 뉴스가 끊이지 않고 있는데요, 내용은 아래와 같습니다.

'공공기관 채용비리 83건 적발 9건 수사의뢰', '충남 · 충북대병원 직원 채용 부적정', '신한은행, 하나은행, KB국민, 광주, 부산, 대구은행 등 금융권에 외부청탁 및 전 · 현직 임원 자녀 채용 논란', 'KT 국회의원 자녀 채용 논란', '교직원 채용비리 총신대 검찰에 수사 의뢰', '산자부 공무원도 강원랜드 채용비리 연루 확인' 등등……

각계 각처에서 채용비리가 이어지자 기업들과 행정부에서는 이를 근절시키기 위한 방안을 모색하게 되고, 블라인드 채용과 채용대행이라는 2가지 대안이 시행되게 됩니다.

공무원의 경우 공개채용은 지난 2005년부터 학력 표기가 폐지되고 블라인드 면접이 도입되었으며, 블라인드 채용은 문재인 대통령 선거 공약 중 하나로 2017년 7월 공공기관을 대상으로 시행 중입니다. '부모찬스'나 지연, 학연의 영향을 방지하기 위해 이력서에 학력, 출신지 등 차별 요소를 기재하는 것을 금지하며, 면접에서도 블라인드 채용이 도입되었습니다.

블라인드 채용은 구직자 채용시 학력, 출신지, 신체 조건이 기재된 서류 제출을 금지하는 것으로 정부는 블라인드 채용을 공공부문에 우선 도입하였고 점차 민간부문으로 확대할 방침이라고 발표하였습니다.

채용절차에서 최소한의 공정성을 확보해 구직자 부담을 줄이고 권익을 보호하는 것을 목적으로 하는 채용절차법은 2014년 1월 21일 제정해 같은 날부터 시행한 법률이며, 채용절차의 공정화에 관한 법률(약칭: 채용절차법)에서 정의하는 개인정보 요구 금지에 대한 내용은 아래와 같습니다. 2020년 5월 개정된 채용절차법에서는 이력서에 본인의 학력 표시를 제외하는 항목은 포함되지 않았습니다.

> 제4조의3(출신지역 등 개인정보 요구 금지) 구인자는 구직자에 대하여 그 직무의 수행에 필요하지 아니한 다음 각 호의 정보를 기초심사자료에 기재하도록 요구하거나 입증자료로 수집하여서는 아니 된다.
>
> 1. 구직자 본인의 용모 · 키 · 체중 등의 신체적 조건
> 2. 구직자 본인의 출신지역 · 혼인여부 · 재산
> 3. 구직자 본인의 직계 존비속 및 형제자매의 학력 · 직업 · 재산

빠른 속도로 확산 중인 블라인드 채용에 대하여 강화하자는 의견과 개선이 필요하다는 의견이 충돌하는 경향이 나타나고 있습니다.

강화를 주장하는 쪽에서는 출신학교차별금지법 제정을 촉구하면서 학력 차별이 사회 전반에 나쁜 영향을 미친다고 지적합니다.

개선이 필요하다는 쪽에서는 블라인드 채용 방식이 취업준비생들이 스펙을 쌓기 위해 노력한 대가를 인정하지 않는다는 지적, 고도의 전문성이 요구되는 과학기술 연구 분야까지 블라인드 채용을 획일적

으로 적용하는 것은 국가 연구경쟁력을 갉아먹는다는 비판, 이익을 추구하는 기업에서 기업이 이익 실현에 필요한 인재를 판단하는 기준을 법으로 규정하는 것은 문제가 있다는 비판 등을 제기합니다.

행정부 및 학계에서는 출신학교나 학력이 아닌 '실력'에 의해 채용을 결정하는 것이 보다 정의로운 절차라고 보지만, 블라인드 채용이 기준을 단지 학력에서 실력으로 대체하는 것이라면 '공정'과 '정의'라는 정책목표를 달성하기가 어렵고, 설령 그것이 어떤 측면에서 공정하다고 하더라도 이는 메리토크라시(Meritocracy: 출신이나 가문 등이 아닌 능력이나 실적, 즉 메리트(Merit)에 따라서 지위나 보수가 결정되는 사회체제)를 극대화하기 때문에 정부가 천명한 포용국가의 비전과 모순된다고 주장하는 논문도 있습니다.

"기업 입장에서는 수천 명의 지원자를 가려내는 과정에서 비용을 최소화하고 싶어하는데 기업이 비용을 최소화하면서 학력차별을 막을 수 있는 방법이 필요하다." 및 "출신학교와 학력을 동일선상에 볼지도 고민해야 한다."는 의견 등 조금 더 세련된 방향성이 필요하다는 의견도 존재합니다.

정부의 영향력이 크게 작용하는 공기업에는 블라인드 채용이 강세를 보이고 있지만 일반 기업을 포함한 전체적으로는 블라인드 채용보다는 객관화에 비중을 두는 채용대행이 확산되는 것으로 보이는데요, 이런 현상은 블라인드 대책의 한계를 우려한 때문으로 풀이됩니다.

블라인드 채용과 비교되는 채용대행은 채용공정성 시비에서 상대적으로 자유롭다는 것과 채용 비용 효율에서도 좋은 평가를 받으면서 시장 규모를 확대하고 있습니다.

채용대행 서비스는 직원선발 시 채용기획 단계에서 선발에 대한 기준 및 최적의 선발 도구를 컨설팅해 주고 선발과정에서 광고대행, 입사지원시스템을 통한 지원서 접수와 심사, 필기시험, 인적성검사, 면접과제 개발, 면접관 교육, 면접관 파견 등으로 채용의 전 과정 또는 일부 과정을 대행하게 됩니다.

채용대행 서비스 전체 프로세스를 정리하면 아래와 같습니다.

"채용의뢰 → 채용공고 제작 → 채용공고 등록 → 이력서 관리 → 면접통보 → 고객사 면접 → 합격 → 입사"

채용대행 서비스를 필요로 하는 기업들의 수요가 증가하면서 잡코리아, 사람인, 인크루트, 스카우트와 같은 취업사이트 운영회사 및 커리어케어, 유니코서치와 같은 서치펌(헤드헌팅 전문업체)들이 속속 시장에 참여하고 있습니다.

★ 직장인에게 드리는 Tip

기업 채용업무의 많은 부분이 외부 용역으로 대체되고 있습니다. 채용공고 검색에만 의존하는 것보다는 헤드헌터와 같은 채용 전문가들과 좋은 관계를 만들어 두는 것이 유리할 것입니다.

직장에서 나의 위치가 변할 수도 있고 재직 중인 회사가 기업간의 경쟁에서 위치가 변할 수도 있습니다. 헤드헌터로부터 제안 연락 받았을 때에 당장은 이직 검토에 대한 필요가 없으시더라도 겸손하게 사양하시면서 관계 형성을 잘 하셔서 헤드헌터로부터 다음 제안을 받으시는 지혜가 필요할 것 같습니다.

참고자료

- 아시아투데이, 헤드헌터 뜻 새롭게 해석한 양세찬 · 이광수(런닝맨), 2020.9.6.
https://www.asiatoday.co.kr/view.php?key=20200906001753192
- 사람인에이치알 공시정보 분기보고서(일반법인) 2020.11.11., 사업의 내용
https://kind.krx.co.kr/common/disclsviewer.do?method=search&acptno=20201111000173
- 다우데이타 공시정보 분기보고서 2020.11.16., 사업의 내용
https://dart.fss.or.kr/dsaf001/main.do?rcpNo=20201116001941
- KBS, "경남개발공사 조직적 부정 채용 인정"…전 사장도 법정구속, 2021.1.12.
http://news.kbs.co.kr/news/view.do?ncd=5093165&ref=A
- 매일신문, "공공기관 채용비리 83건 적발 9건 수사의뢰", 2020.7.24.
https://news.imaeil.com/Politics/2020072414294011705
- 동양일보, 충남 · 충북대병원 직원 채용 부적정, 2020.8.10.
http://www.dynews.co.kr/news/articleView.html?idxno=511779
- 채용절차의 공정화에 관한 법률, 제4조의3(출신지역 등 개인정보 요구 금지)
https://www.law.go.kr/LSW/lsInfoP.do?efYd=20200526&lsiSeq=218301#0000
- 경향신문, [어떻게 생각하십니까] 줄세우기 학벌 사회, '법'으로 바꿀 수 있을까, 2020.11.24.
http://h2.khan.co.kr/202011241658001

- 오마이뉴스, [팩트체크] 블라인드 채용해도 SKY 출신 뽑힌다?, 2020.5.21.
http://www.ohmynews.com/NWS_Web/View/at_pg.aspx?CNTN_CD=A0002641171&CMPT_CD=P0010&utm_source=naver&utm_medium=newsearch&utm_campaign=naver_news
- 아웃소싱타임스, [분석] 끊이지 않는 채용비리, 채용대행 아웃소싱이 답이다, 2018.4.13.
https://www.outsourcing.co.kr/news/articleView.html?idxno=81844
- 국회의원 조명희 블로그, 조명희 의원, 출연연 블라인드채용완화법 발의, 2021.1.29.
https://blog.naver.com/mhjo7312/222224477551
- 이관후, 현대정치연구, 블라인드 채용은 정의로운가? - 메리토크라시와 운평등주의적 검토
https://academic.naver.com/article.naver?doc_id=606911504

5 채용조건 격차 증가

근로 환경의 차이 및 연봉 수준의 차이 등 기업들의 근로조건 차이가 더욱 벌어지면서 채용조건에서도 격차가 벌어지는 양극화 현상이 나타나는 모습을 보이고 있습니다.

양극화(兩極化)란 말은 다음과 같은 의미를 담고 있습니다.

- 서로 다른 계층이나 집단이 점점 더 차이를 나타내고 관계가 멀어지는 것
- 둘 이상의 물체나 사람 또는 집단이 일치될 수 없는 경향성을 띠면서 분리되는 현상
- 사회의 제반 세력이 서로 대립되는 2개의 극(중심핵)으로 분화, 집중되는 현상
- 조직의 구성원들이 어떤 문제나 정책을 놓고 양편으로 대립하는 현상

소득의 양극화와 부익부는 전 세계적인 현상이기는 한데요, 이러한 현상에는 능력주의 윤리의식에 기인하는 것도 어느 정도 있다고 합니다. 최근에 모 방송 교양프로그램에서 『정의란 무엇인가』의 저자 마이클 샌델 교수가 능력주의로 인한 양극화 현상을 지적하면서

화제가 되기도 하였습니다.

능력주의란 학력이나 학벌, 연고 따위와 관계없이 본인의 능력만을 기준으로 평가하려는 태도를 말하는데요, 마이클 샌델이 능력주의를 비판하는 예시는 다음과 같습니다. 미국 르브론 제임스(농구선수)는 약 459억 원의 연봉을 받습니다. 반면 미국에서 가장 힘센 여성이라는 별명을 가진 역도 선수 사라 로블레스는 연수입이 약 1000만 원에 미치지 못합니다.

'과연 성공이 능력과 노력, 즉 온전히 자신의 힘으로 얻는 것일까?' 라는 물음에 샌델은 내 재능이 맞는 시대를 잘 타고난 것과 스스로 노력 없이 유전적 요인으로 재능을 얻는 것 그리고 능력과 연관된 행운의 역할을 들어 능력주의는 공정한 것인가에 대해 얘기합니다.

최근에 SK하이닉스의 성과급 논란으로 시작된 대기업 직원들의 처우 개선 요구가 삼성전자, LG전자 등으로 확산되고 있습니다.

2020년 LG화학에서 분사한 LG에너지솔루션 직원들도 같은 회사였던 LG화학 석유화학과 생명과학 부문에 비해 성과급이 적은 데 대해 "지난해 사상 최대 실적을 냈는데 합당한 보상이 필요하다."며 반발하고 있습니다.

SK하이닉스와 직접적으로 비교된 삼성전자 내부에서도 '차별 논란'이 이어지고 있는데 삼성전자는 사업부문별로 초과실적성과급(OPS)를 차등 지급하는 데 지난해 영업이익을 더 많이 낸 반도체 사업부의 성과급이 연봉의 47%로 스마트폰 사업부(연봉의 50%)보다 적다는 것입니다.

삼성전자 자회사인 삼성디스플레이에서는 삼성전자 TV 사업부 성과급(연봉의 50%)의 4분의 1 수준인 성과급(연봉의 12%)을 두고 '지나치다'는 반응이 나옵니다.

기업별 경영성과 차이가 존재하고 인재영입이 기업생존에 가장 큰 요인으로 작용을 하기 때문에 채용조건 양극화는 쉽게 해결되지 않을 것 같습니다만, 양극화를 최소화하기 위한 사회의 노력은 지속적으로 진행되어야 할 것입니다.

기업규모(대기업, 중소기업), 직무 차이(생산직, 프로그래머 등), 지역 차이(수도권, 지방)와 같은 요소에 의한 연봉(근로소득) 차이가 더욱 벌어지고 있는 상황을 살펴봅니다. 이런 연봉 차이 확대는 심각한 사회문제로 귀결될 수 있어서 많은 분들이 걱정스럽게 바라보고 있습니다.

고용노동부가 집계한 직원 500명 이상 대기업 대졸 신입 사무직 근로자의 2020년 평균 연봉은 3347만 원이고, 게임회사 넥슨에 2021년 입사하는 신입사원 초임 연봉은 개발 직군 5000만 원, 비(非)개발 직균 4500만 원 선입니다. 네이버파이낸셜과 우아한형제들도 2021년 대졸 신입 개발자 연봉 5000만 원 대열에 합류하였습니다.

넥슨이 2021년 연봉 인상 발표가 게임계 및 IT업계에 큰 파장을 일으키고 있다. 넷마블은 넥슨과 같은 연봉 인상안을 마련해 공개했고, 중견게임사인 게임빌과 컴투스는 재직자 연봉을 평균 800만 원 인상하기로 결정한 상태이고, 부동산 정보 서비스 업체 직방 및 크래프톤이 개발자와 비개발자 연봉을 각각 2000만 원과 1500만 원 인상하기로 하였고 신입 대졸 개발자는 6000만 원, 비개발자 5000만 원으로 연봉도 상향하였습니다.

이러한 게임 대기업의 연봉 인상은 대부분의 작은 규모의 게임업체나 스타트업에게는 엄청난 부담으로 작용하면서 일종의 진입장벽으로 작용할 가능성이 아주 높아지고 있습니다.

고용노동부와 한국노동연구원이 2020년 11월 발표한 '사업체 특성별 임금분포현황'에 따르면 '기계장비 설치 및 정비원'의 경우 대졸 이상 1~2년차 직원의 평균 연봉은 3875만 원으로 같은 조건의 고졸 이하 평균 3267만 원과 비교해 약 608만 원 높습니다.

국회 기획재정위원회 소속 더불어민주당 강병원 의원이 2020년 1월 발표한 국세청 2018년 신고분(2017년 귀속분) 종합소득 자료 분석 결과에 의하면 서울 상위 10% 근로소득 평균은 118,822,000원으로 하위 10% 근로소득 평균 2,342,000원의 약 50배 수준입니다.

영남일보가 2021년 1월 국세청 '국세통계연감'을 분석한 결과, 2019년 기준 대구의 1인당 근로소득은 3454만 원을 기록했습니다. 이는 서울(4262만 원)의 81%, 경기(3775만 원)의 91.5% 수준입니다.

2021년 공공기관 대졸 신입사원 초임 평균은 공기업(31곳), 준정부기관(71곳), 기타공공기관(43곳), 부설기관(3곳) 중 올해 신입 초임을 기재한 기관들의 평균 연봉은 3847만 원이며, 연봉 1위 한국원자력연구원 초임은 5272만 원으로 집계됐습니다. 2020년 공공기관 초임 평균 3669만 원, 2019년 3642만 원과 비교해 보면 매해 각각 4.9%, 0.7%씩 올랐습니다.

직장인이 이직을 하면서 연봉이 급속하게 상향 조정된 변화 사례를 살펴봅니다. 이러한 이직의 대부분은 헤드헌터를 통한 스카우트 방식으로 이루어집니다.

• **사례 1**

- 대기업 제조업 계열사 노무담당에서 게임 벤처대기업 노무 팀장으로 이동
- 기존 대기업에서는 조직의 연공서열로 팀원으로 테이블에 맞는 연봉을 받고 있었음
- 연봉 6000만 원 중반에서 9000만 원 초반으로 상승하여 이동

• **사례 2**

- 4대 대기업 e커머스 계열사에서 온라인서비스 기획자가 벤처기업 서비스 기획자로 이동
- 기존 대기업에서는 연봉 테이블에 맞는 연봉을 받고 있었음
- 기본급 7000만 원 수준에서 기본급 1억 원 수준으로 상승하여 이동

• **사례 3**

- 대기업 경영연구소에서 컨설팅 전문회사로 이동하려고 재직 회사에 퇴사의견 밝힘
- 재직회사에서 퇴직하려는 분에게 기존 연봉의 60%를 인상하여 카운터 오퍼함
- 이직하려던 분은 카운터 오퍼를 수락하고 연봉 60% 상승된 조건으로 근무

• **사례 4**

- 대기업 제약회사에서 QA업무 담당자가 신생 비상장 벤처기업 QA 담당자로 이동
- 기존 대기업에서는 학력이 약하다는 이유로 늦은 승급과 낮은 연봉을 감수하고 있었음
- 연봉 3000만 원 수준에서 연봉 4600만 원으로 상승하여 이동

주52시간제, 유연근로제

우리나라는 근로자의 노동시간이 OECD 회원국 중 가장 긴 편에 속한다는 불명예스러운 평가를 받아왔습니다. 이에 우리나라는 국민의 건강한 삶과, 일과 생활의 균형을 이루고자 오랜 논의 끝에 2018년 3월 주52시간제를 도입했습니다.

주52시간 근무제도는 주당 법정 근로시간을 기존 68시간에서 52시간(법정근로 40시간+연장근로 12시간)으로 변경한 근로제도입니다. 이에 따라 종업원 300인 이상의 사업장과 공공기관은 2018년 7월 1일부터 '주당 근로시간 52시간'이 시행됐으며, 50～299인 기업은 주52시간제 적용에 1년의 계도기간을 부여하는 보완대책이 2019년 12월 11일 발표되었습니다.

근로시간 감소를 위한 사회적인 노력이 증가하고 있지만 소수의 대기업이나 자금 여유가 있는 벤처기업 등을 제외한 상대적으로 많은 숫자의 기업에서는 주52시간제에 따른 비용 증가에 따른 수익 감소를 호소하고 있고, 이러한 차이는 인재 채용 불균형을 심화시키는 요소로 작용할 것으로 보입니다.

게임업체인 엔씨소프트는 "과도한 근로를 원천적으로 예방하고자, 월 최대 근로 시간에 도달한 직원의 스피드게이트(회사 1층 출입문) 출입을 제한하는 '게이트 오프' 제도를 시범운영하고 있다."고 2021

년 1월에 발표하였는데요, 25일 주 52시간 근무를 기준으로 하면 한 달 최대 근무시간이 208시간이고 이를 초과하면 회사에 출입 자체가 불가능해지는 제도입니다. 게임업계의 대표적인 문제로 꼽혀온 과로가 해결될 수 있을지 관심입니다.

포괄임금제는 근로계약 체결 시 법정기준 노동시간을 초과한 연장, 야간근로 등이 예정되어 있는 경우 계산 편의를 위해 노사합의를 바탕으로 연장, 야간, 휴일수당을 미리 정해 매월 급여와 함께 지급하는 임금 산정 방식을 말합니다. 본래 임금산정 방식의 원칙은 사용자가 근로자의 기본임금을 정하고 이에 연장근로수당·야간근로수당·휴일근로수당 등의 시간외근로수당을 합산하여 지급하는 것입니다.

자신의 급여에서 시간외 근로수당이 없거나, 시간외 근로수당이 매월 기본급에 포함되어 지급되는 경우에는 포괄임금제 형태의 급여를 받고 있다고 생각하면 됩니다.

포괄임금제는 긍정적인 역할도 하였지만 사실상 장시간 노동을 하면서도 포괄임금제를 벗어난 초과근로에 대하여는 제대로 된 보상을 받지 못한 측면도 있다는 부정적인 평가가 증가하면서 포괄임금제를 폐지하는 움직임들이 점점 늘어나고 있으며, 유연근로제가 대안으로 자리를 잡아 가고 있습니다.

유연근로제의 종류는 탄력적 근로시간제, 선택적 근로시간제, 사업장 밖 간주근로시간제, 재량 근로시간제, 보상휴가제 등 모두 5가지로 분류됩니다.

유연근로제 확대 필요성에 대다수 직장인도 공감하는 것으로 나타났습니다. 업무성과와 근로시간이 비례하지 않는 경우가 많아 근로시간을 엄격히 규제하면 오히려 업무 효율성에 지장이 있다는 의견이 다수였습니다. 대한상공회의소가 2020년 12월 직장인 300명을 대상으로 '근로시간에 대한 직장인 인식 조사'를 실시하면서 '유연근로제를 지금보다 더 확대할 필요가 있는지' 묻는 질문에 직장인의 81.3%가 '필요하다'고 답해 '필요 없다'(18.7%)는 응답을 크게 웃돌았습니다.

주52시간제, 유연근로제와 같은 유연한 근무 환경을 채용조건으로 제시하지 못하는 기업들은 우수 인재 채용에서 상대적으로 불리해질 수도 있습니다. 하지만, 헤드헌팅 채용을 이용하는 기업으로 범위를 좁혀서 보면 상황은 달라집니다.

채용 비용만으로 본다면 상당히 높은 비용을 지불해야 하는 헤드헌팅 채용 방법을 사용할 수 있는 기업은 재정적으로 여유가 있는 기업일 것입니다. 헤드헌팅 채용 방법을 사용하지 못하는 기업은 인재 채용에서 주요 관심사가 우수 인재 채용이 아닌 '생존 채용'인 경우가 대부분입니다.

투자를 받지 못한 초기 스타트업, 영업 이익을 내지 못하는 중소기업 등의 생존 채용이 절실한 기업들은 주52시간제, 유연근로제와 같은 유연한 근무 환경을 채용조건으로 제시하지 못하는 대신에 채용조건 단점을 극복할 수 있는 다른 획기적인 무언가를 제시할 수 있어야 할 것 같습니다.

격차 증가 원인과 현황

연봉조건, 근로시간 등이 포함되는 채용조건의 격차가 증가하는 원인은 아래 몇 가지로 정리될 수 있습니다.

1) 기업 성공 요소의 변화

- 투입자본의 규모, 생산설비의 규모, 대량생산을 통한 가격 경쟁 시대가 지나감
- 컴퓨터, 통신 등의 발달로 인한 소량생산 시대로 들어섬
- 차별화 개발기술, 디자인 기술, 홍보 마케팅 능력, 제품 기획의 능력이 중요해짐
- 각 분야에서 핵심 역할을 수행하는 개인의 능력에 따라 기업 성패가 좌우됨
- 동일한 직무에서도 능력과 성과에 따른 개인별 연봉 격차가 벌어짐

2) 노조의 이기심

- 기업 수익 증가의 감소와 노조원 연봉 인상에 한계에 도달함
- 납품업체, 하청업체 등의 노조 이외의 외부 조직을 통한 원가 하락을 유도하는 노조 정책
- 정규직 노조원과 비정규직 비노조원 근로자, 인재파견업체 근로자와의 연봉 차이 확대
- 동일한 직무에서도 노조 소속 여부에 따라 개인별 연봉 격차가 벌어짐

3) 전문 경영인의 이기심

- 노조의 이기심에 편승하여, 임원 본인의 급여도 상승시킴
- 계약 기간에 한정되는 전문경영인의 책임의식도 어느 정도 영향을 줌
- 임원 퇴직급여, 성과 보상 제도를 기반하는 임원과 직원의 연봉 차이 확대

4) 능력주의 대중화

- 연공제도와 대조되는 개념으로 개인의 능력에 따라 사회적 지위나 권력이 주어지는 사회를 추구하는 정치철학으로 이윤추구를 존중
- 자수성가 CEO들이 연봉확대를 하는 배경으로 작용

기업 경영자의 인재에 대한 생각 변화는 아래와 같습니다.

• 넷플릭스(Netflix) 창업자, 리드 헤이스팅스가 생각하는 인재와 보상

넷플릭스는 업무를 '운영과 창작'이라는 기준으로 구분하였습니다.

유리창을 닦는 업무, 아이스크림을 담아 주는 업무, 운전 업무 등을 운영 관련 업무로 보고 있습니다. 운영 관련 업무를 하는 분야에서는 최고와 평균의 차이가 2~3배 정도 날 것이라고 보고 있으며, 이러한 운영 업무를 담당하는 분들에게는 평균 수준의 보수를 지급해도 회사를 꾸려 가는 데 큰 지장이 없다고 보고 있습니다.

SW프로그램을 만드는 업무, 사업 전략을 수립하는 업무, 마케팅 업무, 자금 조달 업무, M&A 업무 등을 창작 업무로 보고 있습니다. 창의적인 분야에서 베스트 플레이어는 평균보다 10배 이상의 일을 해 낸다고 생각합니다. 최고의 홍보 전문가는 보통 사람들에 비해 고객을 수백만 명 더 끌어들일 묘안을 생각해 냅니다.

운영 관련 직책은 아무리 잘해도 한계가 분명한 일이기 때문에 시장의 평균 수준에 맞춘 보수를 지급하는 것이 맞습니다. 그러나 창의적인 일을 해야 하는 직책에는 보통 수준의 직원 수십 명을 데려올 수 있는 보수로 베스트 플레이어 1명을 데려와 업계 최고 수준으로 대우하는 것이 맞습니다.

업계 최고 수준으로 대우를 하면 많은 직원을 확보할 수 없습니다만, 확실한 실력자 1명을 데려와 많은 업무를 해낼 수 있기 때문에 넷플릭스는 창의적인 일을 하는 업무를 하는 분들에 대한 보수만큼은 엄청난 수준으로 지급했습니다.

• 비바리퍼블리카(Toss) 창업자, 이승건이 생각하는 인재와 보상

토스는 회사에서 직원들에게 해 줄 수 있는 가장 좋은 지원은 훌륭한 고성과자들만 채용해서 고성과자들끼리만 함께 일하도록 하는 것이라고 생각합니다. 최고 수준의 역량과 책임감을 갖춘 인재에게 높은 자율성과 업무에만 집중할 수 있는 환경을 제공함으로써 탁월한 성과를 끌어내는 것이 토스의 조직문화입니다.

고성과자를 모집하기 위하여 토스는 2019년 11월부터 경력 입사자에게 전 회사 연봉의 1.5배를 제시하고, 여기에 더해 전 회사 연봉에 준하는 금액을 사이닝 보너스 혹은 스톡옵션으로 최대 1억 원까지 지급하는 보상 방법 계획을 도입했습니다. 토스는 훌륭한 직원들이 모여서 최고의 성과를 낼 수 있는 조직을 만들기 위하여 채용 조건을 최고의 경력사원들이 관심을 가질 수 있는 조건을 제시할 수 있도록 최선을 다하고 있습니다.

★ 직장인에게 드리는 Tip

당분간 기업별 연봉, 근로조건 등의 격차가 줄어들기는 쉽지 않아 보입니다. 최대한 적극적으로 정보를 파악하셔서 이직을 준비하시는 것이 좋을 것 같습니다. 같은 업종에 있는 지인들과 교류하면서 업계 상황을 체크해 두는 것이 훨씬 유리합니다.

헤드헌터와 교류는 꼭 하시기를 권합니다. 이직할 때에 연봉 협상도 중요한 요소 중의 하나인데요, 경험이 많은 분들과의 상담을 통하는 것이 유리한 경우가 많습니다.

참고자료

- 매경이코노미, 정확한 기준 뭔가 MZ세대 성과급 아우성에 기업 '깜놀', 2021.2.26.
https://news.mk.co.kr/v2/economy/view.php?year=2021&no=189949
- 한겨레, 엔씨소프트 "초과 근무 땐 출입 불가능" 게임업계 과로 해결될까, 2021.1.25.
http://www.hani.co.kr/arti/economy/it/980287.html
- 아시아경제, 직장인 81% "유연근로제 확대 필요하다", 2020.12.23.
https://view.asiae.co.kr/article/2020122307292712019
- 리드 헤이스팅스, 에린 마이어, 『규칙 없음』, 2020년, ㈜알에이치코리아
- 비즈한국, [핫 CEO] '전 직장 연봉 1.5배' 파격 인재 영입 나선 토스 이승건 대표, 2019.11.1.
https://www.bizhankook.com/bk/article/18879
- 블로그 실비아, 비바리퍼블리카 토스 Toss! 너네 매일 뭐하니?, 2019.4.7.
https://blog.naver.com/cestlart/221507475700
- 중앙일보, 넥슨, 전직원 연봉 800만 원씩 올려줬다… 게임업계 인재경쟁 치열, 2021.2.1.
https://news.joins.com/article/23983275
- 국민일보, 근로자 4.3%가 '억대 연봉'…"내 연봉은 대한민국 몇%?", 2019.12.27.
http://news.kmib.co.kr/article/view.asp?arcid=0014072919&code=61141111&cp=nv

- ZD NET, 크래프톤, 개발자 초봉 6천만…엔씨 · 스마일게이트 고민, 2021.2.26.
https://zdnet.co.kr/view/?no=20210226090535
- 파이낸셜뉴스, 중기 고졸 직원 임금, 대졸의 59%, 2020.11.19.
https://www.fnnews.com/news/202011191825050921
- 헤럴드경제, 서울 '상위 10%' 종합소득 2억2600만 원… '하위 10%'의 194배, 2020.1.26.
http://news.heraldcorp.com/view.php?ud=20200126000008
- 영남일보, 대구경북, 수도권과 임금격차 더 벌어졌다, 2021.1.10.
https://www.yeongnam.com/web/view.php?key=20210106010000691
- 파이낸셜뉴스, 초임 연봉 1위 공공기관은? "5272만 원", 2021.1.19.
https://www.fnnews.com/news/202101191443184851

이직 트렌드

1 언제든 이직할 수 있다

직장인이 이직을 고려할 때에 가장 중요한 질문은 아래와 같을 것입니다.

- 이직은 언제 하는 것이 가장 좋을까요?
- 이직의 목표는 무엇에 두는 것이 좋을까요?
- 이직 준비는 언제부터 하는 것이 좋을까요?

이러한 질문에 대답을 하기 위해서는 질문을 하는 직장인의 기업 상황과 개인 상황을 입체적으로 바라보고 종합적으로 판단하고 대응해야 할 것입니다.

기업 상황에 대하여 살펴볼 중요 내용은 아래와 같이 정리될 것입니다.

1) 업종과 경쟁상황은 어떤 상황인가?

- 성장기 업종인지? 쇠퇴기에 접어든 업종인지?
- 경쟁이 심한 업종인지? 독과점 상황에 있는 업종인지?
- 수익구조는 어떤 상황인가?

2) 근로조건은 어떤 상황인가?

- 기업문화와 워라밸은 어떤지?
- 조직 구성원 변동 가능성은 있는지?

3) 경영진과 노조운영진은 어떤 상황인가?

- 합리적이고 비전을 제시하는 경영진인가?
- 정치 이슈와 상위노조와 관계는 어떻게 제시하는 노조운영진인가?

개인 상황에 대하여 살펴볼 중요 상황은 아래와 같이 정리될 것입니다.

1) 전체 경력기간은 어떤 상황에 있는가

- 1년 이내, 3년 이내, 5년 이내, 10년 이상, 20년 이상

2) 직장생활에서 중요하다고 생각하는 가치와 가장 중요한 가치는 무엇인가?

- 개인적인 성과, 주위 시선, 연봉수준, 동료들과의 화합, 워라밸 등등

이직을 고려하고 판단하는 상황은 모든 개인이 다를 것입니다. 중요한 것은 상황 자체가 아니라 상황을 해석하는 '나'이지 않을까요?

이 책에서 트렌드를 살펴보는 것이 여러분이 현명한 선택을 하는 데 도움이 되기를 진심으로 바랍니다.

직장인은 수동적인가 능동적인가

직장인 5명 중 1명은 항상 이직을 생각하는 것 같습니다.

취업사이트 사람인이 직장인 새해소망을 조사한 자료를 연도별로 살펴보면 직장인들이 소망하는 항목이 시대에 따라서 변하는 것을 발견할 수 있습니다.

〈2021년〉

이직 35.9%, 연봉 인상 16%, 재테크 성공 11.2%, 건강 9.2%, 내 집 마련 6.3%

〈2016년〉

이직 21.7%, 로또 당첨 12.5%, 연봉 인상 11.5%, 연애 6.6%, 결혼 6.1%

〈2013년〉

이직 24.4%, 연봉 인상 및 승진 18.3%, 연애 8.1%, 결혼 7.6%, 재테크 성공 7.2%

2021년에 이직을 하고 싶다는 비율이 가장 높게 나왔습니다.

직장인에게 이직과 연봉 인상 이외의 새해소망 항목으로 '연애', '결혼' 항목이 순위에서 밀리고 로또 당첨, 재테크 성공, 내 집 마련 등이 자리를 차지하는 상황을 보면서 직장인들의 살림살이가 점점 팍팍해지고 있다는 것을 다시 한번 확인하게 되니 마음이 무거워집니다.

직장인이 이직을 생각하는 이유는 여러 요인으로 설명되겠지만, 직장인의 마음에서 이직을 바라보는 시각이 변화한 것도 큰 영향을 주는 것으로 생각합니다.

직장인이 이직을 바라보는 시각이 변한다는 것은 사회에서 직장인(직원)을 바라보는 시각이 변하고 있다는 것을 의미하기도 하는 것 같습니다.

변화하고 있는 직장인(직원)을 바라보는 시각은 크게 2개로 구분할 수 있습니다.

시각 1) 수동적인 직장인

(1) 직장인들은 일을 최소한으로 하고 싶어한다.

(2) 직장인들은 요구한 만큼의 품질만 만들어 낸다.

(3) 더 많은 성과를 내고 더 좋은 품질을 얻으려면 직장인들을 더 쪼아 대야 한다.

시각 2) 능동적인 직장인

(1) 직장인들은 각자의 꿈과 야망이 있고 그것을 이루기 위해서 스스로 열심히 일한다.

(2) 직장인들은 각자 자신의 이름을 걸고 최고의 품질을 만들기 위해 노력한다.

(3) 더 많은 성과를 내고 더 좋은 품질을 얻으려면 직장인들에게 동기를 부여해야 한다.

단순히 하나의 시각에 한정되는 직장인은 없을 것입니다. 누구나 수동적인 모습과 능동적인 모습을 함께 가지고 있을 것입니다. 최근에는 자신에게 '능동적인 직장인'의 모습이 많다고 생각하는 직장인이 많아지는 것 같습니다.

능동적인 직장인 성향이 많아지는 것과 직장인의 이직이 많아지는 것과 어느 정도의 연관성이 있는지는 모르겠지만 최근에 직장인 이직 주기가 전 세대에 비교하여 상대적으로 짧아지고 있다는 것에는 대부분 공감할 것입니다.

취업사이트 인크루트 2020년 1월 설문조사에서 이직횟수 등과 관련된 아래 내용을 확인할 수 있습니다.

- 평균 이직 횟수는 2.3회
- 설문에 참여한 직장인의 87.6%가 첫 직장을 퇴사했으며, 12.4%

만이 첫 직장에 재직 중
- 10명 중 8명 이상은 첫 직장을 퇴사해 다른 직장으로 자리를 옮긴 경험이 있음
- '직장인, 이직주기가 짧아진다'에 대해서는 △'공감'이 91.0%, △'비공감' 9.0%
- '직장인, 자발적 퇴사 늘어난다'는 △'공감' 91.4%, △'비공감' 8.6%

직장은 가족인가 프로스포츠팀인가

직장을 바라보는 시각은 크게 2개로 구분할 수 있습니다.

시각 1) 가족 같은 직장

(1) 구성원들은 서로 의지하고 헌신해야 한다.

(2) 다른 구성원의 부족함은 함께 채워 주어야 한다.

(3) 가족이 함께 하는 것처럼, 구성원도 함께 하는 것이다.

시각 2) 프로스포츠팀 같은 직장

(1) 구성원들은 서로 신뢰해야 한다.

(2) 다른 구성원의 부족함은 교체되어야 한다.

(3) 팀이 우승을 원하는 것처럼, 구성원 각자도 우승을 원한다.

직장 근무 경력 기간이 상대적으로 많은 분들 중에는 직장을 가족 개념으로 생각하면서 직장 생활을 하신 분들이 많습니다. 전 세대에는 직장을 가족의 연장선으로 생각하는 경향이 많았습니다.

직장 근무 경력 기간이 상대적으로 적은 분들은 직장을 가족으로 바라보는 경향이 거의 없는 것 같습니다. 직장은 경제적인 문제를 해결하거나 자신의 역량을 발휘하는 장소로 생각하는 경향이 훨씬 강한 것 같습니다.

직장을 바라보는 시각에 따라서 이직을 대하는 마음도 달라지고 이직을 생각하게 되는 계기도 달라지게 됩니다.

스포츠 선수의 이직을 생각하면 이해가 쉽게 되는 것 같습니다. 축구 선수들이 한 골이라도 더 넣기 위해 이 악물고 훈련하는 이유는 소속 팀에 충성해서도, 소속 팀이 좋아서 뼈를 묻기 위함도 아닙니다. 선수들은 오로지 더 좋은 커리어를 쌓고 지금보다 나은 전문성을 갖추고자 노력할 뿐입니다. 그리고 커리어를 쌓을 수 있는 더 좋은 제의가 들어오면 언제든지 팀을 떠날 것입니다.

이들은 '이기적인 사람'으로 불리지 않습니다. 대신, '프로페셔널(Self-motivated Professionals)'이라 불립니다.

그렇다면, 자신의 커리어와 전문성을 위해 더 좋은 기회를 찾아 현재의 직장을 떠나는 직장인들은 '이기적인 직장인'일까요? 아니면 스스로 동기를 부여한 '프로페셔널'일까요?

소속 팀을 옮기는 프로선수와 같은 시각으로 이직을 바라보는 직장인이 많아지고, 프로스포츠 선수가 자신의 몸값을 올리기 위한 노력을 하는 것과 같은 시각으로 자신의 몸값을 올리기 위한 준비를 하는 직장인이 많아지는 것이 트렌드로 보입니다.

넷플릭스 창업자 리드 헤이스팅스가 쓴『규칙 없음』에는 직장을 프로스포츠팀으로 바라보는 시각이 잘 드러나 있습니다.

그들은 기업은 가족이 아니라 팀이라고 생각합니다. 우승팀이 되려면 모든 포지션에 최고의 선수가 자리를 잡고 있어야 할 것이라 생각하며, 뭔가 큰 잘못을 저지르거나 게으름을 피우지 않는 한 팀에서 쫓겨날 일은 없다고 생각하는 팀원이 있다면 그 사람은 요즘 사람이 아닐 것입니다. 프로스포츠에서 감독의 역할은 팀에 주어진 뛰어난 선수를 위대한 선수로 바꾸는 것입니다. 선수들도 그런 사실을 잘 알기 때문에 매 경기를 뛸 때마다 팀에 잔류하기 위해 안간힘을 쓰는 것이 당연한 것이라 생각합니다.

기업은 최고의 기량으로 멋진 경쟁을 펼치는 팀을 지향하는 한편, 임직원들과 깊은 인간관계를 형성하며 서로를 돌보려고 합니다.

직장을 바라보는 시각이 변하면서 직장 생활에서 중요한 것이 무엇인가에 대한 생각도 변하는 것 같습니다. 1980년~1990년대에 GE 회장을 지내신 잭 웰치(Jack Welch)님이 하신 직장생활 태도에 대한 생각은 아래와 같습니다.

1) 다른 사람이 요구하고 기대하는 것보다 더 많은 일을 해라.
2) 사람들이 당신과 어울리고 싶어 할 정도로 긍정적인 기운을 내뿜어라.
3) 호기심을 갖고 배우는 것을 멈추지 마라.

2020년대 요즈음 젊은 분들이 직장생활 태도라고 생각하는 것은 아래와 같아 보입니다.

1) 상호 존중하면서 일을 하라.
2) 간결하게 소통하라, 가능하면 비대면 소통이 편하다.
3) 서로의 성장을 도와라.

1980년~1990년대 직장인이 생각하는 직장생활 태도와 2020년대 직장인이 생각하는 직장생활 태도에서 어떤 다른 점을 발견하셨는지요?

저에게는 소통의 방식이 가장 큰 차이로 보입니다. 개인의 생각을 드러내면서 주위 사람에게 영향을 주려는 태도에서 자신을 드러내지 않으면서 서로 도와주면서 함께 하려는 태도로 변하는 것 같습니다.

직장생활을 하는 태도가 세대간 갈등요인이 되어 이직으로 이어지는 경우가 점점 늘어나고 있는 것으로 보입니다.

★ 인사 담당자에게 드리는 Tip

경력사원도 미국 메이저리그 프로 야구선수가 소속팀을 옮기는 것이라고 생각하는 경향이 많아졌습니다.

메이저리그 스카우트가 프로 선수를 평가하는 것처럼 경력사원을 평가하면 채용에서 좋은 성과를 낼 수 있지 않을까요? 조직구성과 보상규정에도 프로스포츠 구단과 같은 기준이 필요하지 않을까요?

우승팀을 만들기 위하여 개인 역량보다 전체 조직 기여도에 중점을 두는 프로스포츠 구단의 인재 채용 및 보상시스템을 벤치마킹하는 것도 도움이 될 수 있을 것 같습니다.

또한 현재 재직 중인 분들이 언제라도 이직할 수 있다는 것을 염두에 두고 조직을 구성하고 구성원 이직에 따른 업무 공백이 생기지 않는 업무 프로세스를 운영하는 것이 필요할 것입니다.

참고자료

- 스포츠동아, 직장인 2013년 새해 소망 1위 '이직'…이루기 위해 가장 필요한 것은?, 2012.12.26.
https://sports.donga.com/article/all/20121226/51863828/2
- 파이낸셜뉴스, 직장인 2016년 새해 가장 원하는 소망 1위 '이직', 2015.12.31.
https://www.fnnews.com/news/201512310912406459
- 경향신문, 2021년 새해 직장인들의 소망 1위는 '이직'?, 2021.1.5.
http://news.khan.co.kr/kh_news/khan_art_view.html?artid=202101050946001&code=910100
- 인크루트 설문조사, [보도자료] 직장인 이직 주기 짧아진다. 평균 2.3회, 2020.1.30.
https://people.incruit.com/news/newsview.asp?gcd=11&newsno=4437919&page=17
- 인터비즈 블로그, 축구 이적시장처럼 유연한 고용시장이 필요, 2019.9.3.
https://blog.naver.com/businessinsight/221637568659
- 리드 헤이스팅스, 에린 마이어, 『규칙 없음』, 303~304페이지, 2020년, ㈜알에이치코리아

2 워라밸이 중요하다

워라밸은 '일과 삶의 균형'이라는 의미인 'Work-life balance'의 줄임말인데요, '일과 삶의 균형(Work-life balance)'이라는 표현은 1970년대 후반 영국에서 개인의 업무와 사생활 간의 균형을 묘사하는 단어로 처음 등장했다고 합니다. 우리나라에서는 각 단어의 앞 글자를 딴 '워라밸'이 고유명사로 사용되고 있습니다.

워라밸은 연봉에 상관없이 높은 업무 강도에 시달리거나, 퇴근 후 SNS로 하는 업무 지시, 잦은 야근 등으로 개인적인 삶이 없어진 현대 사회에서 직장이나 직업을 선택할 때 고려하는 중요한 요소 중 하나로 떠오르고 있습니다.

2019년 7월에 근로기준법에서 신설된 직장 내 괴롭힘의 금지에 관한 규정은 우리 사회에서 워라밸에 대한 관심이 얼마나 증가하였는가를 보여 주는 하나의 증거로 볼 수 있습니다. 직장 내 괴롭힘 금지 규정에서는 '사용자 또는 근로자는 직장에서의 지위 또는 관계 등의 우위를 이용하여 업무상 적정범위를 넘어 다른 근로자에게 신체적·정신적 고통을 주거나 근무환경을 악화시키는 행위(이하 "직장 내 괴롭힘"이라 한다)를 하여서는 아니 된다'라고 정의하고 있는데요. 규정의 유효성 및 부작용 논란을 떠나서 이런 법이 실행되었다는 것 자체만으로도 사회가 변해 가고 있다는 것을 보여 주는 것이라고 생각됩니다.

우리나라도 일과 개인 생활의 균형을 찾을 수 있는 여건을 조성하기 위하여 많은 노력을 하고 있지만 다른 국가들과 비교하면 우리나라의 일과 생활의 균형(워라밸) 수준은 여전히 하위권인 것으로 나타나고 있습니다.

2019년 OECD가 세계 40개 국가 대상으로(일부 비 OECD 국가 포함) 워라밸 상태를 조사한 결과 우리나라는 일본과 함께 하위 5개 국가에 포함된 것으로 나타났습니다.

조사 대상 40개 국가 가운데 워라밸이 가장 나쁜 국가는 콜롬비아였고 멕시코와 터키가 그 다음으로 나쁜 것으로 나타났으며, 우리나라는 꼴찌에서 네 번째로 전체 40개 국가 가운데 37위를 기록했고 일본은 우리보다는 한 단계 높은 36위였습니다. 하위 국가들의 공통적인 특징은 상시 근로자들의 연평균 근로 시간이 절대적으로 길다는 것입니다.

OECD의 평가 결과를 보면 워라밸 지수가 높은 국가들 가운데 상당수는 유럽 국가들로 나타났는데요, 워라밸 지수가 가장 높은 나라는 네덜란드로 10점 만점에 9.5점을 받았습니다. 네덜란드는 전체 상시 근로자(Full-Time Workers)들 가운데 주 50시간 이상을 일하는 장시간 근로자의 비율이 0.4%에 불과한 것으로 나타났습니다.

흥미로운 사실은 미국, 영국, 호주, 뉴질랜드 등 몇몇 선진국도 워라밸 측면에서 하위 10개 국가에 속했다는 점입니다.

최근 워라밸과 함께 많이 사용되는 단어로는 '워라하(Work-Life-Harmony)'가 있습니다.

'워라밸'이 일종의 제로섬 게임으로 일과 사생활 중 어느 한쪽을 추구하게 되면 다른 하나를 희생하는 방식(Trade-off)이라면, '워라하'는 둘 사이의 조화를 의미하는 것이라고 합니다. 일과 사생활은 대립하는 관계가 아니라 상호보완적인 관계여야 한다고 말입니다.

아마존의 CEO 제프 베조스는 대놓고 '워크 라이프 밸런스'를 지지하지 않는다고 말한 적이 있습니다. 심지어 신입사원들에게 "일과 사생활의 균형을 찾으려 하지 마라.", "일과 사생활은 단순한 균형이 아니라 순환(Circle)되어야 한다."고 이야기했다고 합니다.

사티아 나델라 마이크로소프트 CEO는 한 인터뷰에서 "업무와 휴식 사이에서 균형을 찾아야 한다고 생각했지만 이제는 내 일과 내가 진심으로 신경 쓰는 것을 조화시키려 한다."고 '워라하'에 대하여 의견을 보태기도 하였습니다.

여러분은 '워라밸Work-life balance'과 '워라하Work-Life-Harmony' 중 어느 것에 더 마음이 가는지요?

대학생 기업 선호 기준 No.1은 워라밸

2019년 연말부터 2020년 연말까지 진행된 대학생들의 선호기업 순위를 잡코리아 조사 데이터를 기반으로 살펴보면 아래와 같습니다.

〈2019년 12월 4년 대학생 취준생 기업선호도〉

취업 포털 잡코리아가 대학생 취업준비생 1355명을 대상으로 '취업 선호 기업'을 개방형(주관식)으로 진행한 조사이며, 조사 대상 기업의 제한 없이 설문 참여자가 직접 취업하고 싶은 기업을 기재하는 방식으로 진행됐습니다.

'삼성그룹'에 취업하고 싶다는 응답자가 23.9%로 가장 많았고 이어 '공기업·공공기관'이 12.6%, 'LG그룹'과 'SK그룹'이 3.5%, 'CJ그룹'과 '현대자동차 그룹'이 3.3%, '카카오'가 1.9% 순서였습니다.

대학생 취준생들은 이들 기업의 취업을 선호하는 이유 1위로 '복지제도와 근무환경이 좋을 것 같아서'(46.5%_복수응답 응답률)라 답했고 이어서 ▲연봉이 높을 것 같아서(36.7%) ▲대표의 대외적 이미지가 좋아서(27.6%) ▲오래 일할 수 있을 것 같아서(26.9%) ▲원하는 일을 할 수 있을 것 같아서(24.6%) 해당 기업에 취업하고 싶다라고 답했습니다.

특히 대기업 그룹 계열사 취업을 선호하는 이유 중에는 '복지제도와 근무환경이 좋을 것 같다'(46.1%)거나 '연봉이 높을 것 같다'(45.6%)는 답변이 가장 높았고, 이어 '주요 산업분야의 선도기업이기 때문에'(35.4%), '대표의 대외적 이미지가 좋아서'(31.2%) 해당 기업의 취업을 선호한다는 답변이 높았습니다.

〈2020년 2월 대학생 취업준비생 기업선호도〉

취업 포털 잡코리아가 1,053명을 대상으로 상반기 입사지원할 대기업을 시가총액 기준 상위 100개사를 보기문항으로 조사(복수응답)한 결과입니다

'카카오'에 지원할 것이라는 대학생 취준생이 14.6%(응답률)로 가장 많았으며 이어 '삼성전자'에 지원할 것이라는 응답자가 11.3%로 다음으로 많았고, 이어 ▲CJ제일제당(11.0%)과 NAVER(11.0%) ▲SK하이닉스(10.1%) ▲LG전자(6.8%)와 ▲호텔신라(6.8%) 순으로 입사지원할 대기업을 꼽은 대학생 취준생이 많았습니다.

이들 신입 구직자가 대기업 취업을 준비하는 이유 중에는 '일과 삶의 균형을 이룰 수 있을 것이라는 기대감'이 가장 높았습니다. 조사

결과 '복지제도가 잘 되어 있어 워라밸을 이룰 수 있을 것 같기 때문'이라는 답변이 응답률 58.4%로 가장 높았고, 이어 '높은 연봉을 받을 수 있을 것 같기 때문'(57.4%)이라는 답변도 근소한 차이로 높았습니다. 이외에는 ▲하고 싶은 일을 할 수 있을 것 같아서(33.9%) ▲일을 통해 나의 역량을 발전시킬 수 있을 것 같아서(30.5%) ▲기업/브랜드 인지도가 높아서(24.8%) ▲기업 분위기나 조직문화가 좋을 것 같아서(16.3%) 순으로 높았습니다.

〈2020년 7월 대학생 취업준비생 기업선호도〉

취업 포털 잡코리아가 남녀대학생 1,616명을 대상으로 시가총액 기준 상위 100개 기업의 브랜드를 조사한 결과입니다.

'카카오'를 꼽은 대학생이 17.9%(응답률)로 가장 많았고 이어 '네이버'에 취업하고 싶다는 대학생이 15.1%로 다음으로 많았으며 뒤이어 ▲CJ제일제당(12.8%) ▲삼성전자(12.5%) ▲한국전력공사(9.5%) ▲LG전자(6.6%)와 ▲KT(6.6%) ▲신세계(6.3%) ▲한국가스공사(5.9%) ▲호텔신라(5.6%) 순으로 취업 선호 기업을 꼽은 대학생이 많았습니다.

대학생들은 이들 기업의 취업을 선호하는 이유 1위로 '직원 복지제도가 좋을 것 같기 때문'이라 답했습니다.

취업 선호 이유를 복수응답으로 조사한 결과 '복지제도와 근무환경이 좋을 것 같아서'라 답한 대학생이 응답률 65.8%로 가장 많았고 이어 '연봉이 높을 것 같아서'(47.5%), '원하는 일을 할 수 있을 것 같아서'(33.5%) 순으로 취업 선호 이유를 꼽은 대학생이 많았습니다. 특히 취업 선호 기업별로 선호 이유에 다소 차이를 보였는데 취업 선호 기업 1위를 차지한 '카카오'와 2위의 '네이버' 3위의 'CJ제일제당'의 경우 복지제도가 좋을 것 같아서, 연봉이 높을 것 같아서, 원하는 일을 할 수 있을 것 같아서 다음으로 '기업의 성장 가능성이 높아 보여서' 취업 선호 기업으로 꼽았다는 응답자가 각 29.7%, 24.2%, 25.6%로 다른 기업에 비해 상대적으로 높았습니다.

〈2020년 12월 대학생 취업준비생 기업선호도〉

취업 포털 잡코리아가 국내 4년제대학교 대학생 1,078명을 대상으로 '100대 기업 고용브랜드 조사'를 실시한 결과입니다.

'삼성전자'가 응답률 16.2%로 1위에 올랐고 다음으로 'CJ제일제당'을 꼽은 대학생이 10.4%로 많았으며 이어 △한국전력공사(9.9%) △대한항공(7.6%) △호텔롯데(6.7%) △이마트(6.5%) △롯데쇼핑(6.3%) △한국수력원자력(6.0%) △아시아나항공(5.6%) △기아자동차(5.3%)와 포스코(5.3%) 순으로 취업하고 싶은 기업을 꼽은 대학생이 많았습니다.

대학생들은 이들 대기업에 취업하고 싶은 이유 1위로 '높은 연봉'을 이어 '복지제도'와 '커리어에 도움이 될 것 같아' 이들 기업을 꼽았다고 답했습니다. '이들 대기업을 가장 취업하고 싶은 기업으로 꼽은 이유'에 대해 복수응답으로 조사한 결과, '연봉수준이 높을 것 같아서'라는 답변이 응답률 33.9%로 가장 높았으며 다음으로 '복지제도와 근무환경이 잘 갖춰져 있을 것 같아서'라는 답변도 32.9%(응답률)로 높았고, 이어 '근무경력이 이직이나 커리어에 도움이 될 것 같아서'라는 답변도 30.8%(응답률)로 높았습니다. 이외에는 △평소 기업 이미지가 좋아서(22.5%) △원하는 일을 할 수 있을 것 같아서(19.2%) △기업 대표의 이미지가 좋아서(18.6%) 취업하고 싶은 기업으로 꼽았다는 대학생이 많았습니다.

이상으로 살펴본 대학생 선호기업 조사를 살펴보면, 설문조사 방법이나 대상에 따라 선호 기업의 순위가 변동은 있지만 상위에 랭크되는 기업들을 선호하는 이유를 살펴보면 큰 흐름을 발견할 수 있습니다.

연봉 요소를 제외하고 기업 선호에서 회사 인지도, 회사 비전 등이 중요한 비중을 가졌던 것은 상대적으로 약해지고 '워라밸'이 기업 선호 항목에서 절대 강자가 된 것 같습니다.

이직사유 No.1도 워라밸

대학생 취준생 기업 선호도에서 워라밸이 가장 중요한 요소가 된 것처럼, 이직에서도 워라밸이 가장 중요한 요소가 되었습니다.

취업 포털 인크루트가 2021년 1월에 직장인 672명을 대상으로 '이직사유'에 대해 설문조사하고 발표한 보도자료에서 우리나라 직장인 이직사유가 10년 전에는 '연봉'이었는데, 현재는 '복리후생 및 근무환경'을 더 중요시하는 것으로 변화하고 있다는 것을 확인할 수 있습니다.

지난 2010년 인크루트가 동일 주제로 실시한 설문조사에 의하면 직장인이 이직하는 가장 큰 사유는 '연봉'(30.5%)이 꼽힌 바 있습니다. 뒤를 이어 '불투명한 회사의 미래'(21.2%), '고용안정에 대한 불안감'(14.8%), 이외 '근무환경 및 복리후생'(11.0%), '적성과 맞지 않아'(7.1%), '과다한 업무'(6.2%), '회사동료 및 상사와의 갈등'(5.5%) 등의 의견이 이어졌습니다.

2021년 1월 인크루트가 동일한 동일 주제로 실시한 설문조사에 의하면 당시 11.0%에 그치던 '근무환경 및 복리후생'이 35.2%로 비율로 직장인이 이직하는 가장 큰 이유가 되었습니다. '연봉'은 30.9% 득표하며 2위에 올랐고 '고용안정성이 높은 직무 또는 기업으로 옮기고 싶어서'(8.9%), '진로개발 · 직무전환'(7.6%), '평소 희망하던 기업이 있어서'(6.7%) 등이 이어져 고용안정성 및 직무개발에 대한 직장인들의 열망도 엿볼 수 있었습니다.

박영진 인크루트 홍보팀장은 “최근 고연봉 및 스톡옵션 등 파격적 대우로 인재선점을 해나가는 기업들이 늘고 있다.”라면서 “이렇듯 연봉과 보상이 중요함은 자명하지만 직장을 옮기게 될 땐 실효성 있는 복리후생, 합리적인 조직문화, 훌륭한 동료들과 함께 일할 기회를 제공받는 등의 ‘근무환경’인지에 대한 판단이 선행되는 것으로 파악된다.”고 설문소감을 전하고 있습니다.

밀레니얼 세대 직장인들이 꼽은 좋은 직장의 조건 1위는 ‘워라밸’인 것으로 조사되었는데요, 이 조사 결과를 살펴보면 요즘 이직에 영향을 주는 요소를 조금 더 살펴볼 수 있을 것 같습니다.

취업 포털 잡코리아가 밀레니얼 세대 직장인 507명을 대상으로 ‘좋은 직장의 조건’에 대해 조사하여 2021년 1월에 발표한 결과는 아래와 같습니다.

밀레니얼 세대 직장인들이 꼽은 좋은 직장의 조건 1위는 ‘워라밸 보장’(49.9%)이 꼽혔습니다. 2위는 근소한 차이로 ‘급여/성과급 등 금전적인 만족’(48.9%)이 올랐고, 이어 ‘우수한 복지제도’는 30.6%의 응답률로 3위를 차지했습니다. 이외에 ‘수평적이고 자유로운 근무 분위기’(20.3%)와 ‘정년 보장 - 안정성’(12.0%), ‘기업 및 개인의 발전 가능성’(10.7%) 등이 좋은 직장의 조건으로 선정됐습니다.

회사 인지도, 회사 발전 가능성, 회사 비전과 같은 요소는 밀레니얼 세대 직장인들에게 더 이상 좋은 직장의 기준이 되지 못하고 있는 것으로 보입니다.

★ 인사 담당자에게 드리는 Tip

좋은 인재들이 워라밸 조건을 연봉조건과 동일하거나 상위 중요도로 고려하고 있다는 것을 염두에 두고 복지 정책을 정하는 것이 맞을 것입니다.

경력사원의 회사 평가 기준에는 워라밸, 조직 문화가 연봉 못지 않은 조건임을 항상 염두에 두시고, 채용에 임해 주시면 좋은 성과를 내실 수 있지 않을까요?

많은 기업들이 인재를 확보하기 위해 직장 생활과 개인 생활의 균형을 강조하고 직원들의 복지에 더 많은 투자를 하고 있다는 점을 잊지 마시고, 인사 정책에서 워라밸을 최상위 순서로 두어야 하지 않을까요?

참고자료

- 강효석의 바른전략연구소, '팀장클럽'과 함께 워라벨 말고 '워라하'하세요, 2020.2.3.
https://blog.naver.com/truefan/221794114734
- KBS NEWS, 우리나라 '워라밸' 수준은?…OECD국가들과 비교해보니, 2019.10.2.
http://news.kbs.co.kr/news/view.do?ncd=4294591&ref=A
- 잡코리아, [잡코리아 리서치] 신입구직자 취업선호도 1위 '삼성' 2위 '000', 2019.12.4.
https://blog.naver.com/PostView.nhn?blogId=jobkorea1&log-No=221725862874&categoryNo=86&parentCategoryNo=0&view-Date=¤tPage=7&postListTopCurrentPage=1&from=postView
- 잡코리아, 상반기 취업목표 대기업 1위 '카카오', 2020.2.14.
https://www.jobkorea.co.kr/goodjob/Tip/View?News_No=16455&schCt-gr=0&Page=1&cmpid=vm_viral_blog
- 잡코리아, 대학생 취업 선호 기업 1위 '카카오' 2위 '네이버', 2020.7.14.
https://www.jobkorea.co.kr/goodjob/Tip/View?News_No=18156&schCt-gr=0&Page=4&cmpid=vm_viral_blog
- 잡코리아, 대학생 취업하고 싶은 회사 1위 '삼성전자', 2020.12.28.
https://www.jobkorea.co.kr/GoodJob/Tip/View?News_No=18514&schCt-gr=120001&Page=2&cmpid=vm_viral_blog

- 인크루트 [보도자료] 직장인 이직사유, 10년 전엔 연봉… 지금은?, 2021.2.15.
https://people.incruit.com/news/newsview.asp?gcd=10&news-no=4438372
- 잡코리아, 밀레니얼 직장인 선정, 좋은 직장 조건 1위 '워라밸', 2020.1.3.
https://www.jobkorea.co.kr/GoodJob/Tip/View?News_No=16368&schCtgr=0&Page=1&cmpid=vm_viral_blog

3 이직 소문은 싫다

직장 사람들 입에 오르내리며 전하여 들리는 말을 직장 소문이라고 합니다. 직장 소문에는 불륜, 부정부패 등인 주로 부정적인 내용이 많은데요. 이직 소문도 직장 소문의 하나로서 생각될 정도입니다. 이직을 시도한다는 소문이 나기라도 하면 직장에서 '낙동강 오리알' 신세가 되기 십상입니다.

이직 소문 때문에 어려움을 겪은 사례로 대표적인 경우 2가지를 살펴보겠습니다.

① 타사 면접을 본 게 소문이 나자 현재 회사의 부서장이 직접 그 회사에 항의전화를 하였고 부담을 느낀 상대 회사에서 채용을 철회한 경우

② 다른 회사에 지원했다가 최종면접에서 탈락했는데 그로부터 1~2주일이 지난 뒤부터 현재 회사에서 '배신자', '역적'이라고 수군거림이 시작되었고 다른 부서 사람으로부터 "○○님, 아직도 회사 다니시네요?"라는 얘기도 들었으며 조만간 진행될 인사 고과에서 최하위 등급을 받는 인사상 불이익을 감수해야 하는 경우

직장 내 괴롭힘 금지 규정에서 괴롭힘 행위로 16개 정도를 규정하

고 있는데요. 그중에 '개인사에 대한 뒷담화나 소문 퍼뜨림'이 포함되며 이런 뒷담화나 소문에 의한 따돌림의 경우에 업무와는 전혀 상관없는 일을 트집 잡거나 특정인을 대상으로 확인되지 않은 사생활을 퍼트리는 등의 모습을 볼 수 있습니다.

특히 상급자가 자신에게 이러한 행동을 하는 경우에는 대처하기가 더욱 어려워지며 이러한 따돌림을 참고 다니다 상당한 정신적 고통과 근무환경의 악화로 결국 상당수가 사직하는 경우를 많이 볼 수 있는데요, 이런 피해가 발생했을 경우 직장 내에서 해결할 수 있는 방법을 먼저 찾아보는 등 다양한 해결을 하려 노력함에도 불구하고 이러한 문제가 지속되는 경우에는 직장 내에서 정식으로 문제를 제기하는 것뿐만 아니라 직장 내 괴롭힘 금지 규정에 따른 법적 절차 또한 고민하는 것이 맞을 것 같습니다.

직장 상사 혹은 동료와는 상의하지 않는다

사회 선배님들의 직장 생활 경험에서는 직장 선배 혹은 동료와 이직에 대한 고민을 함께 나누었던 삼겹살과 소주 자리가 많았던 있었던 것으로 이야기를 듣습니다. 그런 이야기를 들을 때마다 '세대 차이가 있구나!'라고 느꼈습니다. 요즈음 젊은 세대에 속하는 제가 보기에는 직장 상사, 동료 혹은 후배와 이직에 대한 이야기를 하는 경우는 직장인은 거의 없을 것이라는 개인적인 생각은 가지고 있었습니다.

2013년부터 2019년까지 직장인들의 이직 준비 형태를 보여 주는 설문조사를 살펴보면 아래와 같습니다.

2019년 7월 벼룩시장구인구직이 직장인 692명을 대상으로 설문조사한 결과에 따르면, 이직을 희망하는 직장인 10명 중 7명은 이직 준비 계획을 상사나 동료에게 알리지 않을(또는 알리지 않았던) 것으로 조사되었습니다.

이직 준비 계획을 '알리지 않을 것이다(알리지 않았다)'고 답한 응답자는 71.5%였으며 '알릴 것이다(알렸다)'고 답한 응답자는 28.5% 뿐이었습니다.

알리지 않는 이유는 응답자의 절반 정도가 '이직이 확정되고 이야기하는 것이 좋을 것 같아서'(47.1%)라고 답했고 '회사에 소문이 나 이직에 좋지 않은 영향을 줄까봐'(21.6%), '상사/동료의 눈치가 보여서'(11.8%), '이직에 실패할 경우 민망할 것 같아서'(8.5%), '굳이 이야기할 필요 없을 것 같아서'(8.5%), '이직을 말리거나 붙잡을 것 같아서'(2.6%)의 답변이 이어졌습니다.

2016년 6월 벼룩시장구인구직이 직장인 705명을 대상으로 '현재 다니는 회사 몰래 이직을 준비한 적이 있습니까?'라고 질문한 결과 91.5%가 '있다'고 답했으며, 성별로 살펴보면 여성(54.2%)이 남성(45.8%)에 비해 비밀리에 이직을 더 많이 준비하고 있었습니다.

이직을 몰래 준비하는 이유로는 29.1%가 '이직이 확실해진 다음에 밝힐 계획이라서'라고 답했으며 이어 '이직에 실패할 수 있어서'(20.9%), '현재 회사에서 불이익을 당할 것 같아서'(20.1%), '이직 시 공백기간을 갖지 않기 위해서'(14.1%), '소문이 나는 게 싫어서'(12.4%), '상사나 동료들에게 눈치가 보여서'(3.4%)의 순이었습니다.

그렇다면 회사 몰래 이직을 위한 다른 회사 면접을 본 적은 있을까?

응답자 중 68.8%는 '현재 다니는 회사 몰래 면접을 본 적이 있다'고 답했으며, 몰래 면접을 위해 회사를 빠진 방법으로는 '연차'가 44%로 가장 많았으며 '반차'(23.5%), '조퇴'(15.4%), '외출'(11.1%), '외근'(6.0%)이 뒤를 이었습니다.

몰래 면접을 볼 때 핑계로는 '개인질병'(47.9%)을 가장 많이 꼽았고 다음으로 '가족 경조사'(27.4%), '외부업체 미팅 등의 외근'(11.5%), '가족질병'(7.3%), '손님 방문'(6%)등의 핑계를 댄 것으로 조사되었습니다.

한편 회사 몰래 이직준비를 하는 것에 대해 어떻게 생각하냐는 질문에 '현명하다고 본다'는 의견이 54.3%로 가장 많았으며, '당연한 일이다'(32.5%), '이기적이라고 생각한다'(5.6%) 등의 순으로 응답했습니다.

2013년 4월 취업포털 사람인이 직장인 2,602명을 대상으로 '귀하는 현재 회사 몰래 이직 준비를 하고 있습니까?'라고 질문한 결과, 74.4%가 '그렇다'라고 답했습니다. 특히, '여성'(71.1%)보다 '남성'(76.2%)이 더 많았습니다.

이직을 몰래 준비하는 이유로는 '확실히 결정된 후에 말할 계획이라서'(59.5%, 복수응답)를 첫 번째로 꼽았고 '실패할 수도 있어서'(40.2%), '소문이 크게 퍼지는 것이 싫어서'(19.2%), '상사의 눈치가 보여서'(18.8%), '동료들과 관계가 불편해질 것 같아서'(14.6%) 등의 응답이 이어졌습니다.

그렇다면, 직장인들은 언제 이직 의사를 밝히는 것이 좋다고 생각할까요?

응답자의 절반 이상(66.5%)이 '최종 합격했을 때'를 선택했고 뒤이어 '이직 시기 등의 구체적인 계획이 있을 때'(18.6%), '전형에 합격해 면접 등을 보러 다닐 때'(7.7%), '실제로 입사지원을 할 때'(3.3%), '이직이 하고 싶은 마음이 들 때'(2.5%) 등을 들었습니다.

또, 이직 준비 사실을 주위에 어느 정도까지 알리는 것이 좋다고 생각하는지에 대해서는 '혼자만 몰래 준비한다'(29.1%), '가족에게만 알린다'(27.1%), '가까운 친구에게만 알린다'(22.9%), '친한 회사 동료까지 알린다'(16.2%) 등의 순으로 응답했습니다.

위에 정리된 설문조사는 10년 이내에 실시된 것들이어서, 최근에 우리나라 직장인들이 가지고 있는 생각을 충분히 알 수 있도록 해 줍니다.

우리나라 직장인이 이직에 대하여 갖고 있는 생각을 정리해 봅니다.

우리나라 직장인 70%는 이직 준비 계획을 상사나 동료에게 알리지 않으며, 직장인 80%는 이런 행동이 현명하거나 당연하다고 생각합니다.

이력서 개인정보 노출에 민감하다

이력서에 있는 개인정보는 SNS에 있는 개인정보와는 차원이 다른 개인정보를 가지고 있습니다.

SNS 정보는 보통은 내가 누구를 만나고 어떤 음식을 먹고 어디를 방문하는가를 보여 주는 경향이 많은데요, 이력서 정보는 일반적으로 내가 몇 살이고 어느 학교에서 무엇을 공부하였고 어느 직장에서 어떤 일을 하는지를 보여 줍니다.

이러한 이력서의 특징 때문에 이력서를 보여 주고 이력서를 확인할 수 있는 기능을 제공하는 취업사이트에서 이력서 개인정보 노출과 관련하여 많은 기능을 제공하는 것은 당연할 것입니다.

직장인들의 대부분이 취업사이트에 등록한 내 이력서를 현재 재직 중인 회사 혹은 이전 회사 사람들에게 보여 주는 것을 꺼리는 것을 파악하고, 대부분의 국내 취업 포털에서는 '내 이력서 열람제한 기업 설정' 기능을 제공하고 있습니다.

'내 이력서 열람제한 기업 설정' 기능은 나를 알 만한 사람들에게 내가 이직 준비를 하고 있다는 것을 알게 하고 싶지 않을 때에 사용하는 기능인데요, 이력서를 등록하는 사람의 최소 50% 이상이 사용하고 있을 것으로 짐작합니다.

국내 취업사이트들이 기업회원에게 유료 또는 무료로 이력서 열람 서비스를 제공할 때에 링크드인(Linked-In) 서비스는 자신의 연락처 공개 여부는 본인이 결정하는 방식을 제일 먼저 적용하면서 시장에서 좋은 반응을 얻었던 것으로 파악됩니다. 즉, 링크드인(Linked-In) 서비스는 기업 채용담당자 혹은 헤드헌터들로부터 제안을 받기에 편리한 형태로 진화한 채용 플랫폼이라고 설명할 수 있을 것 같습니다.

이런 변화는 인재들이 공고를 보고 지원하진 않지만, 막상 제안을 받으면 조건 등을 고려해 과감하게 이직을 결정하는 경향이 있다는 것을 기업 채용담당자 및 헤드헌터들이 파악하면서 변화가 급속도로 빨라지고 있습니다.

글로벌 채용 시장은 이미 '인재 스카웃 서비스'를 앞세운 플랫폼들이 장악하고 있는데요. 미국에선 링크드인이 1위 채용 플랫폼으로 자리 잡았고, 일본에선 비즈리치가 대세 HR 서비스로 꼽히는데요, 양사 모두 '인재 스카우트 서비스'를 강화한 전략이 주효했다는 평가를 받고 있습니다.

특히 2003년에 설립된 링크드인은 당시 글로벌 채용 공고 시장의 최고 강자 몬스터를 꺾는 반전을 연출했고 링크드인은 2007년 324억 원이던 매출을 2018년 6조1500억 원으로 끌어올리며 채용 시장 1위에 올랐고 성장성을 인정받아 2016년에는 마이크로소프트(MS)에 원화 약 30조 원에 인수됐습니다.

업계에선 우리나라에서도 경제가 발전하고 산업이 다양화되면서 미국, 일본과 같은 인재 채용 시장이 열릴 것이라고 예측을 하고 있으며 히든스카우트, 리멤버 커리어, 원티드 등 신규 취업서비스들이 모두 인재 스카웃 서비스에 주력하는 것도 이러한 이유를 배경으로 하고 있습니다.

히든스카우트는 이력서를 보여 주는 방식에 국내 최초로 가명이력서 방식을 채택하면서 이력서에서 개인정보와 업무 경력 정보 노출 방식에 차이를 두고 있습니다. 업무 경력 정보는 있는 그대로를 공개하지만 회사 이름은 4대 대기업, 10대 대기업, 외국계기업, 코스닥 상장기업, 코스피 상장기업 등의 가명정보로 공개를 하고 있습니다. 물론 이름, 전화번호, 이메일 주소 등의 연락처 정보는 완전 익명처리로 노출합니다.

히든스카우트는 기업 혹은 헤드헌터가 온라인 취업사이트에서 인재를 개인정보가 아닌 업무정보로 판단하는 방법을 제공하고, 이력서를 등록한 직장인(개인회원)은 가명이력서를 통하여 자신의 업무정보에 기반한 이직제안을 받아 본 이후에 자신의 판단으로 개인정보 공개를 결정하는 프로세스를 제공하고 있습니다.

한국의 링크드인을 표방하는 리멤버커리어는 경력직 구인·구직 플랫폼을 표방하며 명함을 등록한 개인 가입자가 자신의 이력 내용을 올려놓으면 기업 인사팀이나 헤드헌터 등이 직군·직장명·업종·학력·경력연수 등 조건을 검색해 필요한 인재에게 제안을 보내면서 채용을 진행하는 방식을 채택하고 있습니다.

직장인들이 이직 제안을 받는 것에 익숙하다는 것도 특징입니다. 헤드헌터로 활동하면서 후보자(직장인)에게 이직 제안을 하기 위하여 전화 연락을 하였을 때 대부분의 후보자는 이미 헤드헌터로부터 많은 연락을 받아 본 분들이라는 것을 확실하게 느낄 수 있었습니다.

통화를 하기에 곤란한 상황인 분들은 죄송하지만 지금 회의 중이

니 30분 후에 자신이 전화를 하겠다거나, 잠시만 기다려 달라고 하시면서 자리를 이동하여 편하게 전화를 받아 주시는 분들이 많았습니다.

2017년부터 2019년까지 최근 3년 동안, 직장인들이 이직 제안 연락에 어떻게 반응하는지를 보여 주는 설문조사 결과를 살펴보면 아래와 같습니다.

2019년 10월, 직장인 1,093명을 대상으로 잡코리아가 '이직 제의 경험'에 대한 설문조사 결과 전체 응답자 중 47.6%의 직장인이 '이직 제의를 받은 적 있다'고 답했습니다.

직장인 2명 중 약 1명은 다른 기업 혹은 헤드헌터로부터 이직 제의(스카우트 제의)를 받은 적 있다고 답했고 이직 제의를 받은 직장인 10명 중 3명은 이를 수락해 실제 회사를 옮겼던 것으로 나타났습니다.

연령대별로는 30대 직장인 중 이직 제의를 받은 적 있는 응답자가 50.5%로 가장 많았고, 다음으로 40대 이상의 직장인 중 48.5%, 20대 직장인 중에도 41.4%로 많았습니다.

2018년 4월, 20~30대 남녀 직장인 445명에게 잡코리아가 '이직 제의(스카우트 제의)를 받아 본 적 있는가?' 질문한 결과, 10명 중 7명에 달하는 73.9%가 '받았던 적 있다'고 답했습니다.

'누구로부터 이직 제의를 받았는가'라는 질문에는 '헤드헌터'가 66.9%로 가장 많았고 '전 직장 동료'도 응답률 29.2%로 10명 중 3명에 달했으며 ▲거래처(21.3%)나 ▲지인(19.5%)에게 이직 제의를 받았다는 직장인도 있었습니다.

'이직 제의를 한 기업에서 어떤 조건을 제시했나?'에 대하여 조사한 결과, '연봉 인상(높은 연봉)'이 응답률 56.8%로 가장 많았고 이어 '근무환경 개선'(53.8%)을 제안한 경우도 연봉 인상 못지않게 많았습니다. 이외에는 ▲인센티브(스톡옵션_24.9%) ▲승진(22.2%) 순으로 제안했다는 답변이 높았습니다.

특히 연봉 인상을 제안받은 경우, 기존 연봉보다 '500만~1000만 원' 높은 연봉을 제안 받았다는 직장인이 37.4%로 가장 많았고 이어 기존 연봉보다 ▲500만 원 미만(34.2%) ▲1000만~1500만 원(14.4%) 높게 제안 받았다는 답변이 있었습니다.

스카우트 제안을 받아들여 이직하는 경우는 10명 중 2명 정도에 그쳤습니다. '이직 제의를 받고 이직했다'는 직장인은 23.7%로 나타났고 76.3%는 '정중하게 거절했다'고 답했습니다. 직장인들이 이직 제의를 수락한 이유 중에는 '높은 연봉 때문'(41.0%)이 가장 많았고 이어 근무환경이 개선되거나(20.5%) 기업 평판이 좋아서(11.5%) 배울

점이 더 많은 곳이라서(11.5%) 수락했다는 직장인이 많았습니다.

2017년 8월, 직장경력 3~5년차 직장인 785명을 대상으로 잡코리아가 '스카우트 경험'에 대한 설문조사 결과 전체 응답자 중 81.9%가 '스카우트 제의를 받아 봤다'고 답했습니다.

스카우트 제의를 받은 경험이 있다고 응답한 643명을 대상으로 스카우트 제의를 받은 경로를 살펴본 결과 △지인의 소개(30%)가 가장 많은 것으로 나타났으며 △헤드헌터(29.2%), △업계 관계자(25.7%) 등이 뒤를 이었습니다.

스카우트 제의를 받은 직장인 중 56.3%는 제의를 수락해서 이직을 했다고 응답했으며 스카우트 제의를 수락한 가장 큰 이유는(*복수응답) △연봉이 상승해서(68%)인 것으로 분석됐으며 △근무환경이 개선돼서(53.3%), △직급이 상승해서(21%) 등도 스카우트 제의를 수락한 이유로 꼽혔습니다.

반면 스카우트 제의를 수락하지 않았다고 응답한 직장인을 대상으로 수락하지 않은 이유를 살펴본 결과(*복수응답) △이직 생각이 없어서(53%)가 가장 큰 이유인 것으로 나타났고 △근무지가 멀어서(40.9%), △현재보다 연봉 등 처우가 좋지 않아서(19.9%) 등도 스카우트 제의를 수락하지 않은 이유로 분석됐습니다.

이어 잡코리아가 전체 응답자를 대상으로 향후 재직 중인 기업보다 좋은 근무환경이나 처우로 스카우트 제의가 온다면 어떻게 하겠냐고 묻자 67.9%가 △'긍정적으로 검토해 보겠다'고 응답했으며 △'무조건 이직하겠다'는 응답도 22.8%를 차지해 눈길을 끌었습니다.

정리해 보면, 이직 제안을 받는 직장인의 모습은 아래와 같이 정리됩니다.

경력 10년 이내인 직장인의 최소 50% 이상은 스카우트 제의를 받은 경험이 있으며, 이직 제안을 받은 10명 중 2~3명은 이직 제안을 받아들여서 이직을 하고 있습니다. 특히, 헤드헌터로부터의 이직 제안 비중이 적지 않으며, 이직 제안에서는 연봉 상승을 조건으로 하는 제안이 가장 많은 것으로 보입니다.

★ 인사 담당자에게 드리는 Tip

전문직이나 관리직을 채용할 때에, 취업사이트 혹은 회사 홈페이지에 채용공고 등록을 하고 인재를 기다리는 방식으로 인재를 채용하는 것은 한계가 있지 않을까요?

채용담당자가 취업 서비스에서 직접 인재를 검색하고 검색된 인재에게 직접 제안을 하는 것이 훨씬 효율이 높을 것 같습니다. 직접 시간을 내시기 어려우면, 헤드헌팅 업체에 서비스를 의뢰하는 것이 효과적이지 않을까요?

직장경력 3~5년차 직장인의 최소 81.9%가 스카우트 제의를 받은 경험이 있으며 이직 제안을 받은 10명 중 2~3명은 이직 제안을 받아들여서 이직을 하고 있다고 합니다.

현실에 맞는 채용방식으로 채용하는 것이 효율적이지 않을까요?

참고자료

- 벼룩시장, 직장인 2명 중 1명, “여름휴가 기간 중 이직 준비”, 2019.7.26.
http://www.findall.co.kr/New_Event/news_detail.asp?idx=372
- 벼룩시장, 직장인 10명 중 9명, “회사 몰래 이직 준비해”, 2016.6.22.
http://www.findall.co.kr/New_Event/news_detail.asp?idx=234
- 사람인, “직장인 74%, 몰래 이직 준비 중!”, 2013.4.5.
https://www.saramin.co.kr/zf_user/help/live/view?idx=14992&list_idx=260&listType=news&category=10&keyword=%EC%9D%B4%EC%A7%81&menu=1&page=14
- 머니투데이, 한국판 링크드인 정조준…‘스카웃’ 힘주는 채용 플랫폼들, 2020.6.16.
https://news.mt.co.kr/mtview.php?no=2020061115032081110
- 잡코리아, 직장인 47% “이직 제의 받아봤다”, 2019.10.8.
https://www.jobkorea.co.kr/GoodJob/Tip/View?News_No=16004&schCtgr=120001&schTxt=%EC%9D%B4%EC%A7%81&Page=2
- 잡코리아, 2030 직장인 10명중 7명 ‘이직 제의’ 받아봤다, 2018.4.6.
https://www.jobkorea.co.kr/GoodJob/Tip/View?News_No=14336&schCtgr=0&schTxt=%EC%9D%B4%EC%A7%81&Page=7
- 잡코리아, 3~5년차 직장인 81.9% “스카우트 제의 받아봤다”
https://www.jobkorea.co.kr/GoodJob/Tip/View?News_No=12959&schCtgr=120001&schTxt=%EC%8A%A4%EC%B9%B4%EC%9A%B0%ED%8A%B8&Page=1

4 도전과 안정 사이에서 고민한다

우리는 삶에서 많은 변화를 경험하고 그 변화의 시점마다 의사 결정을 하게 됩니다. 식사 메뉴 선택과 같은 쉽게 할 수 있는 결정이 훨씬 많지만, 이직과 같이 쉽게 결정하기에는 너무나 중요하고 어려운 선택도 하게 됩니다.

요즈음과 같은 세계적인 경기 불황과 높은 실업률의 상황에서는 직장인이 이직에 대하여 더욱 신중하게 고민을 하여야 하는 것은 당연한 것입니다.

직장인 이직은 개인의 성향과 개인이 처한 상황에 따라서 다양한 모습으로 진행되면서 시대 상황에 따라 도전적인 선택을 하는 분들이 숫자적으로 대세를 이루거나 안정적인 선택을 하는 분들이 숫자적으로 대세를 이루는 경향을 보여 왔는데요, 최근의 상황에서는 도전과 안정 사이에서 고민하는 직장인이 많아지고 있어서 '도전과 안정 사이에서 고민하다'를 트렌드로 선정하게 되었습니다.

네이버, 카카오, 쿠팡, 우아한 형제들, 빅히트엔터테인먼트, 하이퍼커넥트 등 슈퍼벤처로 떠오른 기업에 대한 관심이 뜨거운데요, 젊은 구직자들은 벤처기업을 자유로운 기업문화와 새로운 경영방식을 갖고 있는 매력적인 기업으로 인식하는 동시에 벤처기업이 기존에 자리를 잡고 있는 대기업, 코스피 상장기업 등에 비교하였을 때 상대적으로 시스템이나 프로세스가 잘 갖춰져 있지 않아서 쉽게 이직을 선택하기에는 안정성이 부족하다는 것도 동시에 인지하고 있는 것입니다.

2017년과 2020년에 직장인들에게 '벤처기업 혹은 스타트업으로의 이직의향'을 주제로 설문조사를 실시한 결과에 따르면 직장인 4명 중 3명이 앞으로 벤처기업 혹은 스타트업 기업에 이직할 의사가 있다고 답하는 동시에 이직을 고민했던 직장인 4명 중 3명은 이직을 포기하는 설문조사 결과를 확인할 수 있습니다.

셰익스피어 작품 속 햄릿은 "죽느냐 사느냐, 그것이 문제로다."라고 말하면서 과감하게 결정을 하지 못하고 너무 오랫동안 고민만 하는 모습을 보였는데요, 햄릿 증후군은 우유부단을 나타내는 대사처럼 정보 과잉의 시대에 넘쳐나는 콘텐츠와 상품들로 쉽게 결단을 내리지 못하고 결정장애를 앓고 있는 현대인을 빗대어 표현한 신조어입니다.

벤처기업으로의 이직 혹은 창업 도전에서 '예, 아니요'라는 결정 대신에 '글쎄'라는 애매한 대답으로 결정을 못하는 직장인이 늘어나고 있는데요, 저는 이런 현상을 "햄릿 증후군에 빠진 직장인이 늘어나고 있다"라고 말하고 싶습니다.

이직은 휴직, 창업, 부업도 포함한다

우리 사회에서 진행되고 있는 있는 휴직, 창업, 부업 등을 모두 포함하는 다양한 이직 모습을 아래에서 살펴보겠습니다.

통계청이 2021년 2월 10일 발표한 '2021년 1월 고용동향'에 따르면 2021년 1월 취업자 수는 2581만8000명으로 2020년 같은 달보다 98만2000명 감소했는데요. 이는 외환위기 때인 1998년 12월(-128만3000명) 이후 최대 감소폭입니다.

코로나19가 본격 확산한 2020년 3월(-19만5000명)부터 취업자 수는 11개월 연속 감소세를 이어 가고 있고, 실업자는 157만 명으로 41만7000명 늘었습니다. 실업 통계가 개편된 1999년 6월 이래 실업자가 150만 명을 넘어선 것은 2021년 1월이 처음입니다.

구직활동 계획 없이 그냥 쉰 '쉬었음' 인구도 지난달 271만5000명으로 37만9000명이나 늘었는데요, 이는 통계를 작성한 2003년 1월 이래 최다 기록입니다.

모든 연령층에서 취업자가 줄었는데 증감폭은 15～19세가 -5만9000명, 20대가 -25만5000명, 30대가 -27만3000명, 40대가 -21만 명, 50대가 -17만 명, 60세 이상이 -1만5000명이었는데요, 젊은 층의 취업자 감소가 더욱 컸다는 것을 확인할 수 있습니다. 청년 실업률은

9.5%로 1.8%포인트 상승했지만 청년 확장실업률은 27.2%로 5.8%포인트나 올랐습니다. 확장실업률은 실업자와 더 일하고 싶어하는 취업자·잠재 구직자를 포함한 숫자로 사실상 청년 4명 가운데 1명 이상은 실업 상태인 것입니다.

최근 코로나19로 인하여 더욱 어려워진 어려운 고용 상황을 보여주는 데이터를 확인하니 우울하지만 이런 청년실업이 사회문제로 부상한 지도 오래되었고 청년취업 사정이 이렇다 보니 취업 대신에 창업을 선택하는 청년들도 꾸준히 늘고 있습니다.

창업을 선택하는 청년 이외에, 부업으로 눈을 돌리는 직장인들도 적지 않습니다.

2020년 10월 취업포털 잡코리아가 알바몬과 함께 직장인 1,600명을 대상으로 '직장인 N잡러 인식과 현황'을 조사한 결과 30.3%가 '현재 N잡러다'라고 답한 것으로 나타났는데요, 이는 직장인 10명 중 3명이 2개 이상의 직업을 가진 'N잡러'임을 말하고 있습니다.

이들은 현재 하는 부업으로 '카페 아르바이트, 학원 강사, 대리운전 등 오프라인 아르바이트'(37.7%), '블로거 활동, 콘텐츠 제작 등 온라인 아르바이트'(28.5%), 'SNS 등을 통한 1인 세포마켓'(13.4%), '오프라인 창업'(10.3%) 등을 꼽고 있습니다.

응답자들은 N잡을 선택한 이유로 '코로나19 확산으로 인한 경기불황과 취업경기 침체로 창업에 대한 관심이 높아지고 있기 때문', '정년 없는 일자리에 대한 관심이 높아져서' 등을 꼽기도 했습니다.

2017년 12월, 취업포털 사람인이 구직자 438명을 대상으로 '벤처기업 입사 지원 의향'에 대해 조사한 결과, 직장인의 77.4%가 '벤처기업 입사 지원 의향이 있다'라고 답했습니다.

이유로는 '업무를 주도적으로 할 수 있을 것 같아서'(44%, 복수응답)를 첫 번째로 꼽았고 계속해서 '열정 있는 동료들과 일할 수 있을 것 같아서'(43.4%), '기업의 성장이 빠를 것 같아서'(35.1%), '근무 분위기가 좋을 것 같아서'(30.4%), '취업 성공 확률이 높을 것 같아서'(21.8%), '대기업보다 처우가 나은 곳도 있어서'(16.8%), '이직을 위한 경력을 쌓기 위해서'(13.9%), '승진이 빠를 것 같아서'(8.3%), '스톡옵션 등의 혜택이 있어서'(8%), '근무 강도가 약할 것 같아서'(4.4%) 등이 있었습니다.

입사 지원할 벤처기업을 선택할 때는 '성장 가능성'(33.6%)을 가장 우선적으로 고려하고 있었으며 다음으로는 '연봉'(17.4%), '복리후생'(11.2%), '조직문화'(9.7%), '직무'(7.4%), '안정성'(6.2%), '출퇴근 거리'(5%), 'CEO 및 경영자'(4.4%) 등의 답변이 있었습니다.

벤처기업 지원 시 희망하는 연봉은 평균 3342만 원으로 집계되었는데요, 벤처기업에 도전은 하면서도 연봉 조건을 낮추는 이직은 하지 않는 특징을 보이고 있습니다.

벤처기업 취업 의사가 없는 응답자는 그 이유로 '경영상태가 불안정할 것 같아서'(52.5%, 복수응답)를 첫 번째로 꼽았으며 이어 '복지혜택 등이 적을 것 같아서'(37.4%), '연봉이 낮을 것 같아서'(36.4%), '벤처기업도 취업 경쟁이 치열할 것 같아서'(18.2%), '역량 발전에 도움이 안 될 것 같아서'(17.2%), '추후 이직 시 불리할 것 같아서'(16.2%) 등을 들었습니다.

2020년 11월 잡코리아가 직장인 578명을 대상으로 '스타트업으로의 이직 의향'을 주제로 설문조사를 실시한 결과에 따르면 직장인 4명 중 3명이 앞으로 스타트업 기업에 이직할 의사가 있다고 답했고 지금 당장 스타트업으로의 이직을 시도할 수 없게 하는 걸림돌로는 '고용안정성에 대한 불안감'을 꼽았습니다.

조사결과에 따르면 직장인 72.3%가 '스타트업으로 이직할 의향이 있다'고 답했으며 한창 일할 연차인 ▲5년 이하 연차의 직장인들에게서 특히 스타트업 이직 의향이 높았습니다. 구체적인 연차별 이직 의향을 살펴 보면 ▲2~3년차가 80.0%로 가장 높았으며, ▲4~5년차 78.8%, ▲1년차 75.5%의 순으로 이직 의향이 높게 나타났습니다. 반면 ▲10년차 이상의 직장인들에게서 66.3%, ▲5~9년차 직장인들은 58.4%로 상대적으로 스타트업 이직 의향이 낮았습니다.

하지만 많은 직장인들이 스타트업으로 이직할 경우 고용이 안정적으로 유지될지에 대한 불안감을 가지고 있는 것으로도 나타났는데요. '스타트업으로 이직할 의향이 있다'고 밝힌 직장인들에게 지금 당장 스타트업으로 이직하지 못하게 하는 우려사항(*복수응답)이 무엇인지를 물은 결과 49.0%의 높은 응답률로 '고용안정성에 대한 불안감'을 1위에 꼽았습니다. 2위는 '기업 전망, 성장 가능성에 대한 불안감'(38.8%)이, 3위는 '업무과정이나 조직체계의 성숙도'(25.8%)가 차지했고 이어 '미흡할 것으로 예상되는 연봉 수준'(20.3%)과 '미흡한 기업규모와 인지도'(17.5%), '보장되지 않을 것 같은 워라밸'(16.3%)도 스타트업으로의 이직을 망설이게 하는 요인으로 꼽혔습니다. '업무기회/수준에 대한 우려'(3.3%), '특유의 스타트업 문화'(2.9%)를 꼽는 기타 의견도 있어 스타트업 기업들이 더 많은 우수 인재를 확보하기 위해서는 이러한 우려들을 해소해야 할 것으로 보입니다.

2021년 2월 취업포털 인크루트가 20대부터 50대까지 직장인 739명을 대상으로 직장에서 가장 이루고 싶은 목표로 승진과 정년보장, 그리고 창업준비 3가지 중 1가지를 꼽게 했는데요, '정년보장'이 52%를 득표하며 1위에 올랐습니다.

두 번째로 많은 선택을 받은 항목은 '창업준비'(25%)였고 직장을 다니는 이유가 업무 기반을 쌓아 향후 창업과 독립의 밑거름으로 삼기 위함이라는 것으로, 참여자 4명 중 1명꼴로 확인됐습니다.

'승진'을 택한 비율은 19.4%로 창업준비보다 적었는데요, 빠른 승진으로 임원 이상의 자리에 오르고 싶은 직장인들도 일부 확인됐지만 대개는 일명 '화려한' 승진보다는 '가늘고 긴' 직장 수명을 가장 우선시하고 있었습니다. 임원을 포기한 사람, 즉 임포자란 말이 나온 것도 유난은 아닌데요. 최근 주식, 부동산 등 투자 열풍에 따라가기 바빠 승진은 뒷전이 된 것 같습니다.

이직 포기 비중도 많다

2019년 8월 잡코리아가 직장인 1,068명을 대상으로 진행한 설문결과에 따르면 이직을 고민해 본 직장인 중 71.2%에 달하는 직장인들이 '이직을 포기해 봤다'고 답하였습니다.

이직을 고민했던 정도에 따라 '고민만 해 봤다'고 답한 직장인들의 이직 포기 비중이 79.8%로 가장 높았고, '구체적으로 이직을 준비했었다'는 직장인의 이직 포기 비중도 68.9%로 높았습니다. 특히 '실제 이직을 위해 구직활동을 한 적이 있다'고 답한 직장인 중에도 절반을 훌쩍 넘는 56.5%가 이직을 포기한 경험이 있는 것으로 나타났습니다.

그렇다면 직장인들은 왜 이직을 포기하고 회사에 남았을까요? 잡코리아가 그 이유를 물은 결과 '막상 옮길 만한 회사가 없었다'(30.9%)는 응답이 가장 큰 이유를 차지했고 또 '시기상의 문제로 잠시 보류했을 뿐, 언젠가는 다시 시도할 것'이란 응답도 20.3%로 높았습니다. 이밖에 △서류/면접 탈락 등 이직 시도에 실패해서(9.9%) △워라밸, 기업 문화 등 여기만 한 회사도 없다 싶어서(9.0%) △함께 일한 동료 때문에(8.9%) △연봉 인상 등 회사에서 경제적인 보상을 제시해서(6.4%) 등의 이유로 이직을 접었다는 응답도 이어졌습니다.

2020년 5월 잡코리아가 이직 의사가 있는 직장인 478명을 대상으로 '코로나19와 이직계획'에 대해 조사한 결과에 따르면 직장인 5명 중 3명은 코로나19사태로 이직계획에 변동이 생겼다고 답했습니다. 주로 계획보다 이직을 미뤘다는 응답자가 많았고, 10명 중 1명은 코로나19사태로 이직을 포기했다고 답해 눈길을 끌었습니다.

답변을 준 전체 직장인 중 64.4%가 '코로나19사태로 이직 계획에 변동이 생겼다'고 답했고 이들에게 어떤 변화가 있었는지 묻자 '당초 계획보다 이직을 미루게 됐다'는 답변이 61.0%로 가장 많았으며 다음으로 '계획보다 이직을 서두르게 됐다'(28.9%)는 답변이 이어졌고, 10.1%는 코로나19사태로 '이직을 포기했다'고 답했다. '이직을 포기했다'는 답변은 ▲과장급 이상(14.3%)에서 가장 높았고 ▲주임/대리급(3.7%) 그룹에서 가장 낮게 집계됐습니다.

2020년 8월 사람인이 구직자 1,246명을 대상으로 '입사 포기'에 대해 조사한 결과에 따르면 심각한 구직난이 지속되고 있지만 구직자

10명 중 4명은 기업에 최종 합격했음에도 불구하고 입사를 고사한 것으로 조사되었습니다.

답변을 준 직장인의 39.2%가 입사 포기 경험이 있다고 답했고 이들이 입사를 포기한 기업의 형태는 '중소기업'(80.8%, 복수응답)이 압도적으로 많았으며 다음은 '중견기업'(16.2%), '대기업'(6.3%), '공기업'(4.9%), '외국계기업'(2%) 등의 순서였는데요, 주로 입사를 선호하는 기업의 역순인 것으로 나타났습니다.

입사를 포기하고 후회하지는 않았을까요? 10명 중 4명(39.5%)은 입사 포기한 것을 후회한 적이 있다고 답했습니다.

후회한 이유는 '취업에 계속 실패해서'(47.7%, 복수응답)가 가장 많았으며 이어서 '구직 기간이 길어져서'(47.2%), '앞으로 구직난이 더욱 심해질 것 같아서'(31.1%), '경제적 어려움이 점점 커져서'(27.5%), '이후 더 좋은 기업에 합격하지 못해서'(24.4%), '취업 후 이직이 나을 것 같아서'(16.1%) 등이 있었습니다.

두 설문조사 결과를 통해서 최종 합격이 된 이후에 입사를 포기하는 지원자의 비중이 낮지 않다는 것을 확인할 수 있습니다.

이력서 지원부터 서류전형, 인성검사, 면접 등의 채용 프로세스 기간이 1~3개월이 소요되는데요, 이런 채용프로세스를 마치고 채용합격이 된 이후에 입사를 포기하는 것은 채용을 진행하는 기업 입장에서 보면 시간과 비용의 손해뿐 아니라 필요한 인재를 적시에 채용하지 못해 예정된 업무에 차질을 빚을 수 있기 때문에 추가적인 손실이 발생할 수 있습니다.

또한 최종 합격을 하는 과정까지의 본인과 경쟁한 다른 지원자의 취업 기회도 놓치게 하는 일인 만큼 입사 지원 전에 충분한 정보 탐색과 심사숙고를 거쳐 신중하게 지원하는 것이 필요하다고 생각됩니다.

쇼핑에서도 단순 변심에 의한 반품이 많다고 합니다. 홈쇼핑 의류 쇼핑의 경우는 반품비율이 최소 20% 이상이라는 말을 들었습니다. 색깔이 마음에 들지 않아서, 더 싸고 좋은 물건을 발견하여서 등등 변심의 이유는 많을 것입니다. 반품을 할 수 있는 것은 소비자의 당연한 권리인 것도 맞습니다, 하지만, 물건을 생산하고 유통하는 기업의 입장에서는 적지 않은 손실을 감수하게 되고 이런 반품이 반복되는 것은 사회적으로도 큰 손실이 되지 않을까요?

이직은 쇼핑과 같은 가벼운 선택과는 다른 과정으로 생각하고 행동하는 것이 맞을 것 같은데요, 이에 대하여 어떻게 생각하시는지요?

도전과 안정 사이에서 입사를 고민하는 것과 최종 합격 이후에 합격을 포기하는 것은 지원자의 고유한 권한입니다만 지원자가 지원하는 회사에 대한 에티켓을 지키는 것은 꼭 필요할 것 같습니다.

★ 인사 담당자에게 드리는 Tip

보상 방법에 대한 기획에서 당사자가 안정을 추구하는 성향인지 도전을 선호하는 스타일인지를 파악하여 보상 방식을 제공하는 것도 좋을 것 같습니다.

도전을 즐기는 인재에게는 사내 벤처 육성 프로그램 대상에 선정하여 창업을 지원하는 것이 멋진 보상이 되지 않을까요? 물론 안정을 추구하는 인재에게는 조금 더 확실한 보상금액 대상으로 선정하는 것이 효율적일 것입니다.

인재들이 높은 성과급만을 바라는 것으로 생각하고 보상 방법을 성과급만으로 제한하는 것은 무리가 있어 보입니다.

성과급만을 높여 주고 사내 창업 기회를 제공하지 않는 것은 도전을 선호하는 인재들이 퇴사를 하고 창업을 하여서 잠재적인 경쟁자가 되도록 방치하는 방법이 될 수 있지 않을까요? 사내 벤처 창업을 지원함으로써 도전을 선호하는 인재들이 미래 협력자가 될 수 있도록 하는 방법을 채택하는 것은 어떨까요?

참고자료

- 사람인, “구직자 10명 중 8명, 벤처기업 입사하고 싶다!”, 2017.12.18.
https://www.saramin.co.kr/zf_user/help/live/view?idx=66546&list_idx=643&listType=news&category=10&keyword=&menu=1&page=33
- 세계일보, ‘실업자 157만’ 고용한파에 “그냥 쉴래요” 구직 포기자 급증, 2021.2.11.
http://www.segye.com/newsView/20210210514245?OutUrl=naver
- 아시아경제, “월급 줄어서요” 코로나19에 투잡 · 쓰리잡 찾는 직장인들, 2020.11.2.
https://view.asiae.co.kr/article/2020110214131716441
- 잡코리아, 잡코리아, 직장인 4명 중 3명 “스타트업 이직의향 있다”, 2020.11.2.
https://www.jobkorea.co.kr/GoodJob/Tip/View?News_No=18342&schCtgr=120001&schTxt=%EC%9D%B4%EC%A7%81&Page=1
- 파이낸셜뉴스, 승포자 · 임포자 속출…직장인들 “승진보단 정년”, 2021.2.2.
https://www.fnnews.com/news/202102021458311159
- 시사포커스, ‘이직 고민’ 직장인 10명 중 7명, “이직 고민 과정서 포기 경험 있어”, 2019.8.14.
http://www.sisafocus.co.kr/news/articleView.html?idxno=218074
- 잡코리아 취업뉴스, 직장인 64.4% “코로나19로 이직계획 틀어져”, 2020.5.27.
https://www.jobkorea.co.kr/GoodJob/Tip/View?News_No=16804&schCtgr=0&schTxt=%EC%9D%B4%EC%A7%81%EA%B3%84%ED%9A%8D&Page=1
- 사람인 취업뉴스, 구직난 심해도 구직자 10명 중 4명, 입사 포기했다, 2020.8.11.
https://www.saramin.co.kr/zf_user/help/live/view?idx=107652&list_idx=1&listType=news&category=10&keyword=%EC%9D%B4%EC%A7%81%ED%8F%AC%EA%B8%B0&menu=1&page=1

5 기업 평판을 확인한다

일반적으로 브랜딩(Branding)은 브랜드의 이미지와 느낌, 아이덴티티를 수용자의 마음속에 심어 주는 과정으로 정의됩니다.

브랜드(Brand)는 과거에 자신이 키우는 소와 남이 키우는 소를 구별하고 자신이 키우는 소를 잃어버리지 않기 위해 불에 달군 인두로 소에게 어떤 표시를 찍었던 행위, 즉 낙인에서 시작한 말이라고 합니다. 다시 말해 드넓은 들판에서 방목하고 있는 소를 다른 소의 무리로부터 구분하려는 수단이었던 것이라고 합니다.

그러나 오늘날 브랜드는 어떤 이름이나 상징의 의미로 사용되고 있는데요, 브랜드는 소비자들에게 제품이나 서비스가 갖는 특징을 알려 주는 하나의 고유 명사라고 할 수 있습니다.

청량음료는 '코카콜라', 휴대폰은 '갤럭시', 김치냉장고는 '딤채' 등의 예처럼 한 업종이나 제품군을 대표하는 브랜드가 있고 와인은 '프랑스', 시계는 '스위스', 고급차는 '독일'처럼 한 나라나 지역을 대표하는 브랜드도 있습니다.

브랜드는 상품에만 적용되는 것이 아니고 지역이나 나라, 어떤 고

유명사도 브랜드가 될 수 있고요, 개인 이름이나 기업 이름도 브랜드가 될 수 있습니다.

여기서는 이직 및 채용과 관련되는 고용주 브랜딩(Employer Branding)에 대하여 살펴보겠습니다.

대내외적으로 기업을 적극적으로 홍보하여 직원의 몰입을 돕고 우수 인재를 유치하는 활동을 고용주 브랜딩(Employer Branding)이라고 합니다. 고용주 브랜딩이란 우리 회사가 어떤 이미지, 어떤 브랜드로 인지되는지 대한 대내외 활동 전반을 아우르며, 고용주가 직원에게 가치를 제안하는 EVP(Employer Value Proposition)를 포함합니다. 즉, 우리 회사에 들어오면 어떤 점이 우수하고 어떤 경험을 하게 되며 그것이 해당 필드에서 어떤 의미를 가지는지를 어필하는 것입니다.

글로벌 최대 기업 평판 사이트인 글래스도어의 조사에 따르면 기업의 96%가 고용주의 브랜드와 평판이 수익에 긍정적이거나 부정적인 영향을 미칠 수 있다고 믿고 있지만 절반(44%) 미만만이 이런 영향을 모니터링하고 있다고 합니다.

글래스도어는 고용주 브랜딩을 위한 활동 중 하나로 자사 직원들을 회사의 브랜드 홍보대사로 만들라고 제안합니다. 다시 말해 회사 직원들은 회사의 브랜드 서포터가 될 수 있으며 이러한 직원들의 회사에 대한 평가는 구직자들에게도 큰 영향을 미치고 외부인재를 영입할 때도 결정적 역할을 한다는 것입니다.

실제로, 2020년 12월 '사람인'에서 조사한 내용에 따르면, 구직자의 74.3%는 채용기업의 전직 혹은 현재 재직자들의 평판을 찾아보고 있다고 합니다. 2021년은 그 어느 때보다 채용하려는 기업과 이직하려는 인재의 눈치 전쟁이 치열할 것으로 보입니다.

창의적이고 복합적 문제 해결 능력이 뛰어난 관리자 혹은 전문가를 영입하려는 경쟁은 날로 심화될 것으로 보입니다. 이런 흐름에서 이직 및 채용과 관련되는 고용주 브랜딩(Employer Branding)의 중요도는 계속 증가할 것으로 보입니다.

확인하고 움직인다

기업만 지원자를 평가하는 것은 아닙니다. 지원자도 기업을 평가합니다.

채용포지션에 지원하는 직장인과 취업준비생들도 기업의 비즈니스 상황, 연봉수준, 기업문화, 근로조건 등 다양한 항목으로 해당 기업을 평가하고 지원하고 있습니다.

2020년 12월 취업포털 사람인이 구직자 1,362명을 대상으로 '기업 정보 파악 및 평판조회'에 대해 조사한 결과 응답자의 58%가 '채용을 진행하는 기업이 제공하는 정보가 불충분하다'고 느끼고 있었습니다.

충분한 정보 제공이 되고 있지 않다고 생각하는 이유로는 '근무조건, 실제 맡을 직무 등이 명확하게 기재되지 않아서'(67%, 복수응답)가 가장 컸고요, 이어서 '입사 결정에 영향이 큰 연봉 등의 정보는 안 알려줘서'(50.4%), '실제 근무 환경과 관련된 정보가 없어서'(47.3%), '원하는 업무 역량이 구체적이지 않아서'(39.7%), '회사에 대한 기본 정보도 제공하지 않아서'(30.5%) 등이 있었습니다.

실제 '상세한 기업정보의 제공으로 기업의 규모에 관계없이 입사지원을 했다'는 구직자가 65.5%를 보여 주고 있는데요, 이러한 데이터는 채용에 있어 기업정보의 제공이 중요한 역할을 한다는 것을 확실하게 보여 주고 있습니다.

구직자들은 채용 기업의 전직 혹은 현재 재직자들이 제공하는 평판을 별도로 찾아보고 있었는데요, 응답자의 74.3%는 '기업 평판을 찾아본다'고 했으며 대부분은 '회사가 제공한 정보와 맞는지 확인하기 위해'(55.5%, 복수응답)서 기업 평판을 확인하고 있었습니다. 그 외 '모두 신뢰하지는 않지만 분위기를 살피기 위해'(43.8%), '업계 분위기를 파악하기 위해'(40%) 등 기업 평판을 참고용으로만 활용하고 있는 것으로 나타났습니다.

그렇다면 구직자들은 입사지원을 할 때에 필수적으로 제공받아야 하는 기업정보를 무엇이라고 생각할까요? '연봉 수준'(64.2%, 복수응답)을 첫 번째로 꼽았고, '복리후생 등의 근무환경'(60.2%), '채용 직무별 필요 역량'(56.8%), '업종, 기업형태, 사원 수 등 기본정보'(55.9%), '매출액, 영업이익 등의 재무정보'(28.9%) 등의 순으로 이어졌습니다.

2019년 12월 취업포털 인크루트가 구직경험자 733명을 대상으로 최종합격 후 입사포기 경험'을 조사한 결과에 따르면 경력직 구직자 5명 중 1명은 최종합격 후 기업 평판 때문에 입사를 포기하였고, 기업 평판 때문에 입사를 포기한 비율이 1년 사이에 2배 증가하였습니다.

최종 입사를 포기하는 이유 1, 2위에는 각각 '연봉 불만'(26.0%)과 '복리후생 불만'(24.7%)이 과반수 이상을 득표했는데요. 이는 신입 및 경력직 구직자 모두 입사시 중요하게 여기는 항목은 연봉과 복리후생이라는 것을 확인할 수 있습니다.

최종 입사 포기 이유로 '기업 평판'(19.5%)이 3위에 올랐습니다. 직장인 커뮤니티 및 SNS가 활성화되며 관심 기업의 평균 연봉 정보부터 재직자 후기까지 접근이 가능해졌는데요. 입사포기자 5명 중 1명은 이렇듯 기업 평판을 중요하게 생각하며 실제 재직자로부터 듣는 기업 평판을 통해 실질적인 근무환경을 미리 점쳐 보고 입사 여부를 결정했다고 해석할 수 있습니다.

특기할 점은 기업 평판에 따라서 입사를 포기했다는 비율이 1년 새 두 배 급증했다는 사실입니다. 지난 2018년 인크루트 조사와 비교하면 비율이 크게 변한 것을 확인할 수 있는데요, 2018년 10.2%에서 2019년 19.5%로 1년 새 9.3%포인트 높아졌습니다. 입사포기 이유로 기업 평판을 선택한 비율은 신입사원이 23.1%로 경력사원 17.4%보다 많았습니다.

기업 평판 서비스

해당 기업에 다녔던 직원들의 평가를 통해 지원 여부를 판단할 수 있도록 도와주는 기업 평판 평가 서비스도 인기를 끌고 있습니다. 2007년도에 미국에서 서비스를 시작한 글라스도어, 2014년에 우리나라에서 서비스를 시작한 잡플래닛이 대표적인 서비스입니다.

잡플래닛이 공개한 분석 자료에 따르면 잡플래닛 이용자가 남긴 리뷰 숫자는 527만 건(2020년 12월 기준)에 달하며 국내 5인 이상 기업의 95%는 잡플래닛에 기업 평판 정보가 등록돼 있습니다.

구직자들이 가장 궁금해하는 기업 연봉 정보는 취업포털, 기업 평판 서비스 등의 많은 사이트들이 제공을 하고 있는데요, 대부분의 사이트들이 국민연금 정보를 기반으로 연봉 정보를 제공하는 경우가 많습니다. 국민연금 납부와 관련된 인원 정보(전체, 신규, 퇴사)와 산업분류 정보 등을 이용하여 특정 기업 소속 인원들의 평균 연봉 정보, 동일 산업부류 소속 회사들에서의 평균연봉 순위 등을 제공하고 있는 것입니다.

연봉정보 및 기업 평판 서비스가 인기를 얻고 있다는 것은 구직자들이 기업정보를 필요로 하고 있다는 것을 보여 주는 증거로 보아도 무리가 없을 것 같습니다.

기업 평판 서비스 이외에 기업정보 공유 플랫폼에서도 구직자들은 기업 평판에 대한 정보를 공유하는 것으로 보이는데요, 대표적인 서비스로는 '블라인드'를 들 수 있습니다.

블라인드 서비스는 과거 조현아 전 대한항공 부사장의 '땅콩회항' 사건이나 박삼구 전 금호아시아나그룹 회장의 여승무원 신체접촉 논란 등이 블라인드를 통해 공론화되면서 한때는 '직장인의 신문고'라는 별명까지 얻었습니다.

내가 이직을 고려하고 있는 회사에 다니고 있거나 해당 회사에 재직했던 사람들은 해당 회사를 어찌 생각하고 있을까요? 해당 회사 직원들의 불만은 무엇일까요? 이런 질문을 체크하기 위하여 평판평가 서비스 혹은 기업정보 공유 서비스를 이용하는 직장인이 적지 않은 것 같습니다.

상대적으로 젊은 세대는 확실하지 않게 적혀 있는 채용공고를 믿지 않고 투명하고 솔직한 정보를 토대로 합리적인 선택을 하려고 하는 경향이 있는 것으로 보이는데요. 마케팅 부서에서 의도적으로 만들어지고 꾸며지는 기업 이미지에 만족하지 않고 조금 더 실질적인 정보를 찾아 그 기업이 나에게 도움이 되는 곳인지를 판단하려 하는 욕구를 기업정보 플랫폼에서도 어느 정도 해소하는 것으로 보입니다.

하지만, 기업 평판 리뷰를 일부 기업이 조작하는 정황이 드러나면서 많은 이슈가 되기도 하였습니다. 정보 공유 플랫폼에 등록된 일부 기업들이 자신들 기업의 별점을 높이기 위해 현재 재직자를 활용해서 긍정적인 리뷰를 작성하고, 부정적인 리뷰는 삭제하는 식으로 평판을 관리하고 있어서 해당 서비스를 이용하는 구직자들의 불만이 속출하는 사건이 발생하기도 하였습니다.

블로그, 카페 등에 의도된 내용이 등록되는 현상 혹은 댓글 공작과 비슷한 일들이 벌어진 것이었습니다.

우리는 가짜 뉴스가 사실을 압도하기 쉬운 정보화 사회에서 살고 있는 것 같습니다. 가짜 뉴스의 역사는 인류 커뮤니케이션의 역사만큼이나 오래되었을 것으로 보입니다. 약 1,400년 전 삼국시대 백제 무왕이 지은 '서동요'는 선화공주와 결혼하기 위해 무왕이 거짓 정보를 노래로 만든 가짜 뉴스였다고 합니다.

현대 인터넷 사회에서 '가짜 뉴스'는 온라인이나 전통적인 매체를 통해 허위 정보를 확산시키는 것을 뜻하는 것으로 보이는데요, 좋은 인재를 채용하기 위한 기업들의 선의의 노력도 때로는 이직을 검토하는 직장인에게는 가짜 뉴스가 될 수 있는 것입니다.

취업전문가 헤드헌터로부터 기업의 평판을 들어보는 방법도 대학교 혹은 과거에 함께 근무하였던 직장 동료들을 통하여 정보를 얻는 것도 믿을 만한 정보를 얻을 수 있는 가장 현실적인 대안의 하나가 될 것으로 생각됩니다.

경력사원 입장에서는 복수의 헤드헌터와 교류하면서 정보를 체크하는 것도 좋은 방법이 될 것 같습니다.

★ 인사 담당자에게 드리는 Tip

인터넷에서의 기업 평판이 좋은 인재를 채용하는 데 중요한 요소로 작용하고 있습니다.

PR업무와 채용업무는 인재채용이라는 측면에서 연결되어 있어서 인사부서와 홍보부서의 협력이 인재 채용에 중요한 역할을 하는 것 아닐까요?

홍보, PR업무를 담당하고 계시는 분과 커피를 함께 하시면서 인재 채용 업무와 기업 평판의 관계에 대하여 의견을 교환해 보는 것은 어떨까요?

참고자료

- 이코노믹리뷰, 2021년 기업문화는 기업의 브랜드가 됩니다, 2020.12.29.
https://www.econovill.com/news/articleView.html?idxno=512173
- 사람인, 구직자 10명 중 6명, “기업이 제공하는 정보 불충분”… 평판 조회도 해본다, 2020.12.28.
https://www.saramin.co.kr/zf_user/help/live/view?idx=108080&list_idx=6&listType=news&category=10&keyword=%EC%9D%B4%EC%A7%81&menu=1&page=1
- 인크루트, ‘붙어도 안 가’ 입사포기 이유 2위에 복리후생, 1위는?, 2020.1.16.
https://people.incruit.com/news/newsview.asp?gcd=11&newsno=4437907&page=17
- 매거진한경, “취업 정보 사이트에 올라온 기업리뷰 어디까지 믿어야 하나요”… 현직자 평판 조작으로 얼룩진 잡플래닛, 2021.1.8.
https://magazine.hankyung.com/job-joy/article/447250

마무리하는 글

채용과 이직은 동전의 양면이라고 해석하는 것이 맞을 것 같습니다.

동전의 양면이라는 말은 모든 상황이나 사물에는 서로 반대되거나 대립되는 2가지 성질이 함께 동시에 존재한다는 의미로 요약할 수 있는데요, 채용과 이직은 서로가 서로에게 영향을 주고 받는 하나의 동전이라고 보여집니다.

경영자원을 인재(Man), 자재(Material), 자금(Money) 3개로 구분하는 경우가 많습니다. 인재(Man)가 기업 경영의 승패를 좌우하는 중요한 요소 중의 하나라는 것은 모두가 인정하고 동의합니다.

기업이 광고, 홍보, 생산, 물류, 정보관리, 재무, 회계, 전략, 법무 등 다양한 직무 분야에 필요한 인재를 채용하고 육성함에 있어서 기본 바탕이 되는 것은 '인간에 대한 시각과 이해'이며, 개인이 기업에 소속된 직장인으로 혹은 경영자로서 담당 직무를 수행하고 기업의 발전을 위하여 활동함에 있어서 기본 바탕이 되는 것은 '기업에 대한 시각과 이해'일 것입니다.

인간은 사회적인 동물이라고 합니다. 인간은 혼자 살아가지 못하고 공동체에서 살아가는 존재인데요, 학교를 졸업한 이후에 대부분은 기업이라는 공동체에서 삶을 만들어가는 것이 가장 일반적일 것 같습니다. 기업을 창업한 사람은 자신이 만든 기업에 포함되어 공동체 생활을 할 것입니다.

현대 사회는 다양화, 복합화, 개성화를 특징으로 하는 Software 중심의 지식경제(Knowledge Economy)로 중심 이동을 하면서 동시에 사회적 공유가치가 중요시 되는 새로운 환경이 만들어지면서 이제까지의 기업과는 성격이 다른 새로운 기업들이 등장하고 성공할 수 있는 조건이 만들어지고 있다고 생각됩니다.

이 책에서 살펴본 이직·채용 트렌드가 여러분들이 기업 공동체 생활을 하는 데에 작은 도움이라도 되었으면 하는 바람이고요, 끝까지 읽어 주신 여러분에게 건강과 행운이 함께 하기를 바라면서 글을 마칩니다.

감사합니다.

히든스카우트
이직 · 채용 트렌드

초판 1쇄 발행 2021년 4월 30일

지은이 방현배
펴낸이 이기봉
편집 좋은땅 편집팀
펴낸곳 도서출판 좋은땅
주소 서울 마포구 성지길 25 보광빌딩 2층
전화 02)374-8616~7
팩스 02)374-8614
이메일 gworldbook@naver.com
홈페이지 www.g-world.co.kr

ISBN 979-11-6649-686-8 (03320)

• 가격은 뒤표지에 있습니다.

• 파본은 구입하신 서점에서 교환해 드립니다.